JN115940

崔仁鶴(チェ・インハク)・厳鎔姫(オム・ヨンヒ)［編著］
李権熙(イ・ゴンヒ)・鄭裕江(チョン・ユガン)［訳］
崔仁鶴・斧原孝守・樋口淳［解説］

韓国昔話集成 8

形式譚
神話的昔話
その他（補遺）

悠書館

日本語版への序文

昔話は、民族の精神的な遺産であり、文芸的な成熟度の指標であり、民衆の望みや願いの表われです。昔話には文字のない時代から、語りによって伝承されてきたという特質があります。私たち韓民族は古くから昔話を楽しんできたため、話の数は数えきれません。昔話を研究することは、私たちの祖先の精神的な遺産を明らかにすることでもあるのです。

昔話の研究は、昔話を集めて記録し、さらにそれを話型に分類することから始まります。話型の研究にとって大切なのは、第一にその数が豊富であること、第二に世界的に共通する話が正確に分類整理されていること、第三に、口伝えの伝承の特徴として、話の伝播と語りによる変化（ヴァリアント）がきちんと記録されていることです。

こうした昔話の可変性を克服し、昔話を学問の対象とするためには、体系的で科学的な方法による基礎研究が、まず行なわれなければなりません。

この『韓国昔話集成』は、そうした意味で、基礎研究の試みですが、研究者だけではなく、一般の読者にも楽しく読めるように工夫されています。

昔話が、話型分類の資料とされるためには、基本的にいくつかの条件が備わっていなければなりません。まず、語り手と記録者（採訪者）がしっかりしていること、つぎに記録が正確であること、そして一つ一つの資料ごとに記録データが明白なことです。

意図的に改竄された話や、創作された資料を除外するためには、このような厳密なチェックが必要です。改作されたり創作されたり活字化されたものは、すでに口承文学として機能を失ってしまっているからです。

昔話の語り手は、おおまかに三つに分類されます。

一つは、自分自身が一度聞いた昔話をできるだけ忠実に伝えてくれる語り手です。男性の語り手よりも女性の語り手に、こうした傾向がよくみられます。

二つ目は、自分が聞いた話に想像力を働かせて、創作を加える語り手です。こうした傾向は、女性より男性に強くみられます。

三つ目は、記憶力が衰えて、話の展開を語り違えたり、他の話の挿話を付け加えてしまう語り手です。これは男性にも女性にも起こります。

一番目の場合には、昔話の伝承性が強調されます。二番目の場合には、昔話の命ともいうべき「面白さ」が強調されるでしょう。三番目の場合には、昔話の語りが変化してゆく過程（変異性）を発見できるでしょう。とくに二番目の場合は、語りに、話者の面白さに対する嗜好（意図）がつよく反映しているとわかっていても、純粋な改作とは区分されなければなりません。

韓国で昔話が最初に意識的に記録されたのは、一九一〇年代から一九二〇年代にかけての孫晋泰（ソン・シンテ）、

鄭寅燮（チョン・インソプ）、任晳宰（イム・ソクチェ）などの初期の民俗学者によってでした。当時は、もちろんテープレコーダがなく、筆記に頼るほかに手段がありませんでしたから、現在に比べると資料の有効性には問題がありますが、採訪者たちが昔話の学問的価値を認識し、本格的な記録を行なったということは画期的だったといえるでしょう。

私たちは、これまで四〇年以上にわたって昔話研究に従事してきましたが、いつも韓国昔話に魅了されてきました。読み書きのできない村の女性が、どうしてこれほど素晴らしい昔話を語ることができるのか、不思議でした。そして、文字だけが知恵をもたらすのではないということを、何度も、深く思い知らされたのです。

私たちは、この民族のもつ文学的素養の豊かさと才能に対して誇りを抱くようになりました。そして、さらに、いかなる苦境にもめげず、希望とロマンをもって生き抜く闘志が昔話に反映されていることに対し、もう一度深く頭が下がる思いがしたのです。気高い祖先達の精神的な遺産を大切にし、集め、記録する責務がここにあると感じたのです。本書は、その成果のひとつということができます。

本書を通じて、日本のみなさんに韓国昔話の豊かな世界を紹介できることは、大きな喜びです。日本や中国をはじめとするアジアの昔話、そしてヨーロッパ、アメリカ、アフリカなどの世界各地の昔話と比較することによって、韓国の文化や歴史の独自性や、普遍性をご理解いただければ幸いです。

最後に、この本を出版するにあたり、多くの方々が集め記録した昔話を使用させていただきました。本書は、決して私たちだけの業績ではありません。優れた記録者との共同作業でもあるのです。その方々に対し、もう一度感謝を述べたいと思います。

　また原著の出版を引き受けてくださった集文堂の林京煥（イム・キョンファン）社長、そして翻訳者の李権熈（イ・ゴンヒ）さん、鄭裕江（チョン・ユガン）さん、解説の斧原孝守さん、樋口淳さん、複雑な校正に力を発揮して下さった村地春子さん、日本語版の刊行にご尽力いただいた悠書館の長岡正博さんにも感謝申し上げます。

二〇二〇年三月

崔仁鶴・厳鎔姫

韓国昔話集成・第八巻——目次

VI その他（補遺）

IV 形式譚

十八　形式譚

643 ＊むかし

KT 700 イェンマル（むかし話）

雨の降る日、子供たちが親に昔話を聞かせてくれとねだった。ちょうどこのとき、ウェカリ（鳥の名）が飛び立ったので親が追いかけて行った。途中、棒杭にぶつかって倒れた。その棒杭をひき抜くと、その中からゾランマル（小馬）、デッバクマル（升）、コンノンマル（歩く馬）、ケンマル（浜）、ツィマル（後の村）、ピョッマル（標識）、コジンマル（嘘）、チョンマル（本当）、ジャンマル（小言）、イェンマル（昔話）が出てきた。親は、イェンマルを拾ってきて、子供たちに聞かせてあげた。

（任晳宰　一九七一）

【類話】

むかし、むかしの大むかし、この世の中に天と地が開かれた頃に、木皿が実る頃に、小さな瓢箪が赤ん坊の頃に、唐辛子、山椒の小さい頃に、毛糸の帽子、草笠の頃に、古いぼろが花嫁の頃に、八道江山を描く頃に、虎がタバコ吸う頃に、子犬が草生える頃に、雄鳥が耳突き出る頃に、黒いナマズが使道（地方役人）の頃に、こおろぎが使令（下級役人）の頃に、水も火もなかった頃に、ネズミ一匹が出てきて、大芚山、深い谷間に六方晶系の鉱物を置き、ヤマボクチを摘んでおき、白頭山の金

属のかけら置き、一度打って火の粉を出し、二度打って火種を出し、三度打って花火出して、人にやったら、どこからか蛙一匹が飛び出して、インデ峰の深い谷間に黒い土とっておいて、砂利を選り分け、柄の長い網杓子三寸が掘って、水一かけらを汲み出し、三十網杓子をむしり掘って、水一杯をどんぶり汲み出し、三百三十尺掘って、水を一杯汲み出してやるんだとさ。

（韓相壽　一九七四②）

【類話】　むかし、むかし、むかし

むかし、むかしの大むかし、こおろぎ使令の頃に、唐辛子食べて、唐辛子の頃に、八道江山を描く頃に、ある人がいたが、姓は高で、名前はマンだ。消えるか、突くか、消えた、消えた、たばこ消えた、突く、突く、キセル。

（韓相壽　一九七四③）

【文献資料】

①任晳宰　一九七一年　第一巻　一一〜一二頁

②韓相壽　一九七四年　一八〜一九頁（一九五九年に忠清南道青陽で記録）

③韓相壽　一九七四年　一八〜一九頁（一九六五年に慶尚南道釜山で記録）

【解説】

ここに挙げた例話は、いずれも「さあ、これから昔話を語るぞ！」と語り手が聞き手に呼びかけ、聞き手を昔話の世界に引き込むのに絶好の話ですが、よく見ると、さらに二つのタイプに分かれるように思われます。

最初の任晳宰が一九七一年に刊行した全集の最初の巻に収めた話は、語り手がイェンマルの「マル」にかけて、さまざまの「マル」を言い連ね、最後に「イェンマル（昔の言葉＝昔話）」が跳び出します。「さあ、昔話が跳び出した。これから昔話を語るぞ！」という素晴らしい言葉遊びの語り初めです。

これに対して韓相壽の記録した話は、二つとも「むかし、むかしの大むかし」で始まります。そして語り手は「今ではまったく考えられないことが、次々起こった昔」「ありえないことが、ありえた昔」「嘘がホントだった昔の話」と語りかけて、聞き手を現実からフィクションの世界に素早く引き込みます。

韓国の昔語りには「むかし、虎がタバコを吸っていたころ」という典型的な発句（語り初め）がありますが、この二つはこの発句を更にダイナミックに展開し、独立させた話です。

いずれの話も、練達の語り手の名人芸の昔語りの世界を伺わせます。　【樋口】

【話型比較】大成637　ATU2250　池田2250

644 ＊三年と三ヵ月続く長い話

KT701　三年三ヵ月続くイヤギ

「とても長くて長い話をせよというんですか、それじゃあ三年と三ヵ月続く、長くて長い話をしてあげましょう」

ある人が柳の枝を引き抜いて、井戸の端（はた）に挿しておきました。この柳の枝が根付き、とても大きくなり、鳥たちがやって来ては歌を歌うようになりました。

そこで、この柳の枝を刈って、ざっくり、ざっくりと編んでザルを作ったんです。そして、鍛冶屋へ行って、草刈り鎌を一つ借りて来ました。この人は、左手にはザルを持ち、右手には草刈り鎌を持ち、村里を、野原を行き来しながら、犬の糞をとり集めました。ザルに犬の糞がいっぱいになると、この犬の糞を畑に持ってきて、あちこち撒きました。

こうして、畑に肥やしをたくさんやり、まくわ瓜を植えました。日が経ち、また経つと、まくわ瓜のつるに大きなまくわ瓜がいっぱい実りました。みな、実が真っ赤に熟しました。

さあ、とります。一つ、二つ、三つ、いっぱいとります。四つ、五つと、俵がくまなくいっぱいになると、また他の俵を持ってきて、とって入れます。いっぱい、いっぱいとって入れます。俵がいっぱいになりました。また他の俵に一つ、二つ、いっぱいとって入れます。おいおい、この畑のまくわ瓜をすべてとろうと思えば、三年とっても、まだ、三ヵ月もとらなければならないようです。

百一つ、百二つ、千十個、千十一個と、いっぱい、いっぱいとります。

いっぱい、いっぱい、いっぱいとります。

（朴英晩　一九四〇）

【文献資料】

①朴英晩　一九四〇年　二三三〜三四頁（一九三五年に平安南道漢川で記録）

【話型構成】

Ⅰ．ある人が柳の枝を折って、井戸のそばに植えたら、柳の木が大きくなった。

Ⅱ．柳の木を編んで、篭を作った。畑に肥やしをたくさん植えて、まくわ瓜を植えたら、たくさん実った。

Ⅲ．その人は、まくわ瓜をとって、篭に入れた。いっぱ

いになると、他のものにとって入れた。おそらく、これを全部とろうと思えば、三年と三ヶ月かかるだろう。

【解説】

これは典型的な「ながぁい話（果てなし話）」です。語り手がこのタイプの話を語るには、もちろんいろいろな状況がありますが、もっともよくあるのは、語り初めに「今日はどんな話を語ろうかな？ 長い話にするか、短い話にするか？」と尋ねて、聞き手が「長い話」と答えた時に、よしそれでは「ながぁい話をしよう」と言ってこんな語りを始めます。すると聞き手は焦らされて、もっと楽しい話をせがむようになります。

あるいは、こんな状況も考えられます。語り手が語り疲れてしまったのに、聞き手が「もっと長い話を聞かせろ」とせがみ続ける時です。そんな時に、語り手はこの「ながぁい話」を始めます。すると聞き手は、いつまでたっても同じことなので、疲れて「もういい」と言って語り手を解放してくれるのです。

これもまた練達の語り手の必殺技の一つです。【樋口】

【話型比較】 通観1181

645 ＊うそばなし

KT 702.1 うそ話

むかし、むかし、ある村で首のない人が、足のないチゲを背負い、柄のない斧を担いで、根のない切株を掘ろうと、砂原の川っぺりにいったそうだ。

その人は柄のない斧で切株を掘ろうとして、間違えて爪のない足の指を打ち落とし、白い血がざあざあと流れたんだって。それで大慌てで、医者を探しに出かけた。

ところで、医者を探しにゆく途中、道で坊さんと宦官がけんかをしていた。宦官は坊さんの髷をつかみ、坊さんは宦官の急所をつかんでけんかをしていた。

このけんかをやっとのことで引き離し、やめさせて、医者を探しあてると、医者は包丁がいると言った。台所へ包丁をとりにいってみると、包丁はパガジ（瓢箪）をかぶって踊りながら、水をくれと言う。それでまた、川っぷちの砂原にいったところ、青々とした空がにわか雨でどしゃ降りになり、川の水になって流れ出し、その上に大きな包みが一つ、ぷかぷか浮かんできた。

柄のない斧でその包みを引きあげて開いてみると、中はまっ赤なうそばかり。

（任東権　一九七二）

【文献資料】

①任東権　一九七二年　二三頁（一九五五年八月二〇日に、忠清南道礼山郡大興面大栗里で梁哲祿〔十八歳〕から聞く）（＊『韓国の民話』熊谷治訳　一三～一四頁）

②韓相壽　一九七四年　二六頁（一九五四年に忠清北道陰城で記録）

【話型構成】

Ⅰ．むかし、ある村で、首のない人が木を刈りに川岸に行った。

Ⅱ．彼は、柄のない斧で木を刈ろうとして、爪のない足の指を切った。

Ⅲ．医者のところへ行く途中、僧と下級役人が争っているのを見かけて、やっとのことで止めさせた。

Ⅳ．医者が包丁がいるというので、台所に行くと、包丁がひさごをかぶって踊りながら、水がほしいという。

Ⅴ．川に水を汲みに行くと、ふろしきが流れてきて、開いてみると、真っ赤な嘘だけが入っていたそうな。

【解説】

誰が聞いても嘘とわかる短いエピソードを調子よく語り、聞き手を煙にまきながら、さっと終わる話です。

このタイプの話は日本でも各地に伝えられ、柳田國男は『日本昔話名彙』の「果無し話」の中に「うそ昔」の項で「話の種が尽きてから語る他愛ない話。嘘話。子供の笑うような口合いである」としていますが、このタイプの話を語るには「聞き手を嘘の流れに巻き込み、次の嘘を期待させる」熟練の技が必要で、聞き手には語り手の技を楽しむ力をもった、大人が多く含まれていたものと思われます。

なお、「足のないチゲ」と「パガジ（瓢箪）をかぶった包丁」が登場しますが、韓国のチゲ（背負子）には、日本の背負子と違って長い脚がついていて、背負ったまま一休みしたり、何か仕事をしたりするのに便利なように出来ています。また「パガジを被る」という言葉には「人をかつぐ」という意味があります。【任東権・樋口】

【話型比較】通観1180

646 ＊みんな嘘

KT 702.2 うそ話

むかし、むかしの大むかし、虎がタバコ吸っていた時代に、屋根のない家で、目が見えない爺さんが暮していたのだが、大みそかの朝に、（新年を迎えるために）古いパジ（ズボン）とチョゴリ（上着）に着替えて、紐のないマンゴン（髷を結う時、頭髪が乱れないように頭に巻き付ける頭巾）の紐を環に通してかぶり、雁首のないキセルにタバコをぎゅうぎゅう詰めて口にくわえ、桟のない窓を開けて眺めてみると、木のない前山に根のない木があり、羽のない鵲（カササギ）が、くちばしのない子に餌をくわえて食べさせていた。

ところが、その木の下で、足のないノロ鹿がミミズのように早足で走っていくので、目の見えない爺さんは、刃のない鎌を尻にぶら下げて、穴のない鉄砲を担いで前山に駆けて行き、逃げる足のないノロ鹿を、穴のない鉄砲で打ち、死んだノロ鹿を縛ろうと見てみると、日向（ひなた）の方の山際には雪が真黒く積もっていて、日陰の方には日の光がかんかんと照り、雑草がいっぱい伸びているので、刃のない鎌で刈ろうとしたら、頭のない毒蛇が突然どこからともなく現われて、鎌にぐっと食い付き、鎌の刃から血がどくどくと溢れ出た。

それで、目が見えない爺さんは、麻の服から綿を抜き出し、血の出る鎌の刃をぐるぐる縛り付けて、また草を刈って、死んだノロ鹿に一袋いっぱい背負わせて山に登り、水のない川を渡るのに、死んだノロ鹿が草の荷をいっぱい背負ったまま水に溺れて流されるのを見て、目が見えない爺さんはびっくりして、「あ、これは大変な事になった。死んだノロ鹿が川で溺れて死にそうだが、誰か来て、引き上げてください」と言い、聞こえない大きな声で言うので、まず耳の不自由な人が聞いて、足がなえた人に「早く川に飛び込んで、死んだノロ鹿を引き上げろ」と言うと、その時、どこからか口のきけない人が現われて、「まあ、そんなことで騒ぐんじゃありません。いま引き上げるから心配なさらないでください」と言って飛び込み、死んだノロ鹿を引き上げてみると、死んだノロ鹿はぴょんぴょんと跳ねながら、「これは全部うそです」と叫ぶので、よく見てみると、本当にノロ鹿ではなく、すべて嘘だった。

（韓相壽　一九七四）

【話型構成】

Ⅰ．むかし、屋根のない家に、目の見えない爺さんが住んでいた。

Ⅱ．目の見えない爺さんが、ノロ鹿が川で溺れて流されるのを見て、聞こえない大声をあげると、耳の聞こえない人と口のきけない人が駆けつけて、耳の聞こえない人に早く死んだノロ鹿を引き上げろと言うので、通りすが

【文献資料】

①韓相壽　一九七四年　二五～二六頁（一九五九年八月十一日に、平安南道平陽市中区タムムン里でユジョン〔五九歳〕に聞く）

②任晳宰　一九七五年　第一巻　九九頁、第三巻　一五～一六頁

りの僧侶が自分が助けてやると言い、紫衣と袈裟を脱いで、ノロ鹿を引き上げてみると、それはノロ鹿ではなく、すべて嘘だということだ。

【話型比較】通観1180

647 ＊腰のまがったお婆さん

KT 703　コブラン婆さん

むかし、腰のまがった（コブラン）おばあさんが、まがった（コブラン）杖をついてまがった（コブラン）峠を越えてゆくときに、まがった（コブラン）うんこがしたくなり、まがった（コブラン）木に登って、まがった（コブラン）うんこをしているときに、腰のまがった（コブラン）犬がきてまがった（コブラン）うんこを食べた。それで腰のまがった（コブラン）おばあさんがまがった杖で、腰のまがった（コブラン）犬をぱっとたたいたところ、「コブランきゃん、コブランきゃん、コブランきゃん」と、ほえながら逃げ出したという。おもしろいだろう？

（任東権　一九七二）

【文献資料】

①任東権　一九七二年　六二頁（忠清北道永同郡鶴山面鵝岩里で全善子〔十七歳・女〕に聞く）（＊『韓国の民話』熊谷治訳四一頁）

②任晳宰　一九七五年　第三巻　一一頁

③韓相壽　一九七四年　二二頁（一九六〇年に平安北道定州で記録）、二四頁（一九五四年に忠清北道陰城で記録）

【ヴァリアント】

コブラン婆さん（腰のまがったお婆さん）が、コブラン杖をついて、コブラン道を行くと、コブラン珍獣たちに会い、コブラン歌を歌いながら、コブラン餅を食べた②。

【解説】

コブラン（꼬부랑）という軽快なテンポの言葉を繰り返しながら他愛のない話を楽しむ「言葉遊び話」です。

日本の子どもたちが少し前に歌っていた「そうだ、そうだ、そうだ村の村長さんが、ソーダ飲んで死んだそうだ。葬式饅頭でっかいそうだ」と「そうだ」を繰り返す調子のよい遊び歌を思い出させます。【樋口】

648 ＊長くて香ばしい話

KT 704.1 長くておいしい話

何だって。もう少し、長くて、おいしい（おもしろい）話をしろですって。では、長くて、おいしい（おもしろい）話をお聞かせしましょう。
むかしもむかし、とても遠い大むかしのことです。ある人がとてもとても長くて長い棒の先に、おいしくて、おいしいケクジ（胡麻をすって粉にしたもの）をぶら下げたそうです。これが、長くて、おいしい（おもしろい）話です。

（朴英晩　一九四〇）

【文献資料】
①朴英晩　一九四〇年　三三七頁（一九三五年に平安南道安州郡イップソク面で記録）

【話型構成】
I．（1）わしに長くておいしいイヤギをやれって。では長くて味よいイヤギをやろう。（2）むかし、大むかし、そのむかしだ、ある人が長くて長い竿の頂に味のよいケ

クジを吊したんだ。これが長くておいしいイヤギだ。

【解説】

言葉の二つの意味を使い分けて、聞き手の裏をかく言葉遊びの話です。

韓国で「面白い話」を意味する재미있는 이야기（面白味のある話）の「재미」は、もともと漢語の「滋味（栄養がある良い味）」が語源ですから、「おもしろい」の他に「味がある・美味しい」という意味があります。そこで語り手は、「長くて面白い話」をせがむ聞き手に「長い竿の先の美味しいケクジ」の話をして、上手に期待をそらしたのです。

日本の落語の大喜利にも、このタイプの言葉遊びがよく見られます。【樋口】

649 ＊一番短い話

KT 704.2 一番短い話

むかし、チプシン（藁沓（わらぐつ））を作る職人が、ある日チプシンを作りながら、ケラケラ笑いながら死んだそうだ。

（韓相壽　一九七四）

【文献資料】
①韓相壽　一九七四年　二〇頁（一九五九年七月二〇日に忠清南道青陽郡で記録）

▲チプシン

650 ＊長い長い話

KT 705 果てなし話

むかし、ある人が遠くて遠いところに甕を買いに行きました。川を渡り、山を越え、また、山を越え、川を渡って行くと、甕を売るところがあんまり遠かったので、途中で持って行った旅費をすべて使

いつくしてしまいました。手ぶらでは甕を買うことができず、甕の代金を儲けようと決心しました。あちこち旅をしながら、雑用をして働き、その手間賃で食べて寝て、残ったお金を貯めました。

このようにして、およそ二十年の間、お金を貯めたら、甕を一つ買えるほどのお金になりました。それで、甕商人のところに行って、お金をありったけ払って、甕を一つ買いました。その甕は、とにかく大きいので一人の力では転がすことができませんでした。ちょうど、通り掛りの人がいたので、その人にちょっと、いっしょに転がそうと言ったら、その人は、そうしようと言いました。しかし、甕はびくともしませんでした。

また、通り掛りの人がいたので、甕を転がすのにちょっと力を貸してほしいと言いました。その人も、そうしようと言って、三人が力を合わせていっしょに押しました。しかし、甕はびくとも動きませんでした。

また、通り掛かりの人がいたので、甕を転がすのにちょっと力を合わせてほしいと言いました。この人も、そうしようと言って、四人でいっしょに押しました。ところが、甕はどんなに大きかったことか、微動だにしませんでした。

また、通り掛りの人がいました。甕を転がすのに、ちょっと力を貸してほしいと言いました。この人も、そうしようと言って、五人が甕を転がすことにしました。しかし、甕はびくともしませんでした。また、通り掛りの人がいて、いっしょに甕を転がしてみようと言いました。この人も、わかったと言って、六人が押しました。しかし、甕はそれでも動かなかったのです。

すると、通り掛る人がまたいて、この人に甕を転がすのに手を貸してほしいと言いました。その人もわかったと言って、七人が甕を押してみました。それでも甕は動きませんでした。また、人が一人、通りすぎました。そしてこの人にも頼んでみました。

「もう分かりましたよ、その人にも、甕を転がすのに手を貸してほしいと言って、その人も、力を貸してくれたんでしょう。もう分かりましたから、話を先に進めてくださいよ」

そうなんです。甕はとにかく大きかったので、人数が足りないと転がせないんです。人をもっとたくさん集めたら、その大きな甕を転がせるんじゃないか。そのためには、人をもっとたくさん集めなくてはいけないのです。そう、そう、何千人、何十万人が甕にくっついて、やっと甕を転がすことができました。それでも話はまだ続きます。

その大きい甕は、やっとやっと転がりはじめました。ごろごろ、甕が道の上を転がっていきます。大きい甕は、ごろごろと道の上を転がって、その人の家に向かって転がっていきます。大きい甕が、今、ごろごろと転がっていきます。ああ、その大きい甕が、ごろごろと転がって、家がある方に休まずごろごろ転がっていく。ああ、またごろごろと転がって、家のある方に転がって、転がっていく。その大きくて大きい、大きなその甕が、ごろごろと転がって、ちっとも休まず、家のある方に転がっていきます。今も、その大きい甕がごろごろと転がって、転がっていきます。

（任晳宰　一九七五）

【文献資料】

①任晳宰　一九七五年　第三巻　一二～一四頁

②崔雲植　一九八〇年　四一九～二〇頁（一九七一年に忠清南道洪城で記録）

③崔来沃　一九七九年　一一九頁（一九七八年に全羅北道全州で記録）

【話型構成】

Ⅰ．ある人が遠くて遠い所に甕を買いに行った。どんなに遠いことか、行く途中にお金を全部使い果たしてしまった。

Ⅱ．あちこちで雑用をして、手間賃をもらって、甕を買うことができた。

Ⅲ．どんなに大きな甕を買ったことか、何千、何万人がかかって転がしたのだが、家がどんなに遠いことか、今でも転がしているという話だ。

【解説】

話がいつまでも果てしなく続く「果てなし話」です。

世界中に多く見られますが、たとえばフランスのイル・ド・フランス地方の「川を渡る羊」では、いつまでも話をせがむ王様に語り手は「二百匹の羊を川向うに渡す羊飼いの話」をします。そして「羊がいつ川を渡り終わるのか」と尋ねる王様に、「川は広く、舟は小さく、羊は二百匹います。これには時間がかかります。連中が川を渡りきるまで、ひと眠りしようではありませんか」と提案します。

日本の果てなし話にも、「山の中の栃の木に、秋になって実がなって、ひとつ落ちてはクルクルポチャンと川に落ち、また一つ落ちてはクルクルポチャン」と落ちてと果てしなく繰り返す話から、「あったり山から蟻が出て、こっとり山へ行きよる、また行きよる、まだ行きよる」のように言葉の音とリズムとを楽しむ話まで、話の数も限りなくあります。

中国では「果てなし話」の報告はきわめて少ないようですが、陝西省の銅川市には次のような話が伝わっています。

むかし語り手が物語を語り終わると、その語り手を殺してしまう王がいました。ある男が王に呼び出されて物語を語ることになりました。男は人間に助けられた雀が恩返しのために遠方から穀物をくわえて運んでくる話をし、雀が羽ばたく様子をひたすら「パタパタ、パタパタ」と語り続けて止めず、やがて聞き飽きた王は男を追い出してしまった、という話です。

【斧原・樋口】

【話型比較】大成642　ATU2300　池田2272・2280・2300　通観1182・1183・1184・

1185・1186・1187　丁2301　金2301A

651 ＊話の上手な趙芥達（チョウ・ケダル）

KT 706　よくしゃべる趙芥達

　むかし、平安北道の義州に趙芥達という人がいました。この人は、話が上手なことで有名な人でした。そこで、義州の府尹（朝鮮時代の地方長官）は、趙芥達がどれほど話が上手なのか試してみようと呼びつけました。

　府尹は、趙芥達に会うと、庭の前にあるドルダム（石垣のことだが、「ドル」は回る、「ダム」は垣のこと）を指さして、「あそこにある石垣はドルダムなのに、どうしてまわらずに、じっとしているのか」と尋ねました。趙芥達は、ただちに、「はい、あの石垣は石臼の石でつくられているのですが、石垣になると回ることができません」と答えました。

府尹は、この答えを聞くと、次に向かいの山にある松の木を指しながら、あの山の松の木は何本あるかと尋ねました。趙芥達は、二百十四本だと答えました。府尹は、どうしてそんな正確な数が分かるのかと尋ねました。趙芥達は、「はい、松の木はよく伸びて（韓国語では「チルチルハダ」という）、ぎっしりと生えている（韓国語では「ベグベグ」という）ので、そうだと思いました。チルチル（韓国語でチルは七の意味）は七が二つなので、十四、ペグペグは百（韓国語でペグは百の意味）が二つで二百なので、合わせて二百十四本にしました」と答えました。

府尹はさらに「北は、どうして東から見ても北、西から見ても北、南から見ても北、北から見ても北というのか」と聞きました。趙芥達は、「はい、長鼓は『今年打っても新しい響き、去年打っても新しい響き』というのと同じ道理です」と言いました。

府尹はまた、石垣にセキレイが巣を作って子を生んだのだが、親鳥もセキレイ、子の鳥もセキレイというのはどういう道理か」と尋ねました。趙芥達は、「はい、屋根の軒に鳥が巣を作りましたが、去年に作った巣も新しい巣、今年に作った巣も新しい巣というのと同じだということです」と答えました。

芥達があまりにも上手に受け答えをするので、府尹は、ちょっと意地悪をしてみようと思いました。それで、下人たちに、部屋の入口の床の板を外しておいて、趙芥達が出てきて、床を踏み外したら、一斉に笑うように命じました。

趙芥達はそうとも知らず、郡守の部屋の戸を開け、マル（板の間）に出ようとして床を踏み外し、床下に倒れ落ちました。これを見て、郡守や配下は一斉に笑いました。ところが、趙芥達はびくともせず、「子である喪主が父親の下棺（納棺）の折に泣かずに、笑う無礼者がどこにいるか」と落ち着き払って言いました。自分が床下に落ちたことを下棺（父の納棺）に喩えて、それを見守っていた府尹や官属たちを喪主（子供）に喩えたのは、彼らを趙芥達の息子扱いしたことになります。

さんざん手玉にとられた府尹は、下人に趙芥達が正門を出てしまわないうちに、素早く正門を閉めろと言いました。そうすると、趙芥達のトゥルマギ（外套）の裾が正門の扉に挟まりました。府尹は、これを見て、「お前のしっぽが正門の扉に挟まれたな」と言いました。

すると趙芥達は、「牛小屋がとても狭いので、しっぽが挟まれてしまいました」と答えたそうです。これも、「自分をしっぽのある獣に喩えたなら、府尹は獣（牛）で、府尹の館は牛小屋だ」という痛烈な皮肉です。

（任晳宰　一九七五）

【文献資料】

①任晳宰　一九七五年　第五巻　二一～二四頁

②任晳宰　一九八七年　第一巻　二八六～八八頁

（一九三八年七月に平安北道宣川郡山面下端洞で金國柄に、一九八一年一月に龍川郡東下面三仁洞で文信珏に聞く）

【話型構成】

Ⅰ．趙芥達という人は、話が上手いことで有名だった。

Ⅱ．郡守が趙芥達をテストした。向こう側にある松の木は何本あるのかと尋ねた。趙芥達は、二百十四本だと答えた。どうして正確に分かるのかというと、松の木がよく伸びて、ぎっしり生えているから、そう思ったと言った。

Ⅲ．チルチルは、七が二回だから十四で、ペグペグは百が二回だから二百で、合わせて二百十四本だということだ。

【解説】

任晳宰が一九三四年と一九三八年に平安北道の宣川郡と龍川郡で聞いた趙芥達話を幾つかまとめたものです。

この地方には、金先達と趙芥達の知恵話や頓智話が多く聞かれます。

この二人は、日本の一休や曽呂利新左エ門、吉四六、吉五、三右衛門といった知恵話の主人公とよく似たキャラクターですが、それぞれに個性があります。

たとえば一休は高名な禅僧の少年時代の逸話で、曽呂利新左エ門は秀吉に仕えた御伽衆、吉四六・吉五は農民でした。これに対して、「大同江を売り渡す」（KT670）で知られる金先達は、暗行御使になるかと思えば、詐欺師にもなる正体不明の両班であるようです。

そしてこの趙芥達の場合は、どうやら「座首」という農民を代表して支配層の郡守や府尹という支配層に向かう者であることが多く、この話でも無理な謎をかける府尹を知恵の力で撃退します。

韓国の場合も、日本の場合も、知恵話の主人公は、権威や権力のある者を知恵の力でやり込めるトリックスターであることは変わりません。　【樋口】

【話型比較】 大成641　通観841

KT 707　木（ナムドル）

652 ＊それぞれの木

むかし、桑の木（ポン）と竹（テナム）と櫟（くぬぎ）の木（チャム）が隣り合わせでいっしょに育っていた。ある日、桑の木が「ぽん」とおならをしたので、竹が「こいつめ（テキノム）！」と大声でしかりとばした。すると櫟の木が「我慢せい（チャマラ）、我慢せい（チャマラ）！」と言った、ということだ。

（任東権　一九七二）

【文献資料】
①任東権　一九七二年　六二頁（一九五八年八月二〇日に、慶尚南道晋州市本城洞で金斗任〔十八歳〕に聞く）（＊『韓国の民話』熊谷治訳　四〇～四一頁）
②韓相壽　一九七四年　二一頁（一九六三年に江原道江陵で記録）

【話型構成】

Ⅰ．むかし、桑、竹、くぬぎが一緒に生えていた。

Ⅱ．ある日、桑が「ポン」と屁をこくと、竹が「テキノム（この野郎）」と叱った。

Ⅲ．すると、くぬぎが「チャマラ、チャマラ（がまんしろ、がまんしろ）」と言ったとさ。

【解説】

桑の木（ポン）、竹（テナム）、櫟（チャム）という三本の木の名前を上手に使った「語呂合わせ」の笑話です。

このような、言葉遊び、語呂合わせの短い話（小咄）は世界中でよく知られています。

日本でも、「爺が山に柴刈りに、婆が川に洗濯に行くと、川上からイモが流れてきて、婆がそれを食べて屁をしたので、山の爺は柴を刈らずに草かった（臭かった）」とか、「仁王が覗き見をすると、婆が屁をして『仁王か（臭うか）』と言ったので、仁王が慌てて逃げた」という屁にまつわる言葉遊び話が全国に分布しています。

また、正月のお供えを盗んだ鼠が、階段の上から取り落とし「チュウイしろ」というと、鶏が「とんでもない、とんでもない」、頭に餅があたった鼬が「おおイタチ、おおイタチ」、それを慰めた猫が「ニャンともない、ニャンともない」と言ったという、動物の特性を生かした小咄（「ねずみ、にわとり、ねこ、いたち」）もよく知られています。

【樋口】

愛読者カード

ご購入書籍名　『　　　　　　　　　　　　　　　　』

本書をご購入下さいましてありがとうございます。より良い出版の参考のために、以下のアンケートにご協力いただければ幸いです。
※個人情報は小社の出版案内の送付に使用させていただきますが、ご不要の場合は、□に×印をつけて下さい。

□

ご氏名　　　　　　　　　　　　　　年齢

歳

ご住所　〒

メールアドレス

@

本書を何でお知りになりましたか

新聞広告　雑誌広告　小社からのDM　書評　店頭で実物を見て
書店の勧めで　他で利用しているのを見て　その他（　　　　　）

よく購入する書籍のジャンルは

総記　哲学·宗教·心理学　歴史·地理　社会科学　自然科学
工学　産業　芸術·生活　語学　文学　その他（　　　　　）

本書についての感想とご意見、また今後出版を望まれる分野、テーマなどをお聞かせ下さい。

ご協力ありがとうございました

郵便はがき

113-8790

料金受取人払郵便

本郷支店
承認

2441

差出有効期間
平成32年2月
28日まで

切手を貼らずに
お出し下さい

【受取人】
東京都文京区本郷2-35-21
マンション檀302

悠 書 館

営業部行

1138790　　　17

注文欄　小社刊行物の注文にご利用下さい。

書名	定価	申込数

ご氏名　　　　　　電話

ご指定書店名（下記の書店に本をお届けいたします）

市町
区村　　　　　書店

帖合

◎直送希望

653 ＊道を道を行くと

KT 708 道を道を行くと

道を歩いていたら、銅貨を一つ拾った。拾った銅貨を捨てると思うか。拾った銅貨を手に、針屋に立ち寄ったのさ。

針屋に立ち寄って、何も買わずに、手ぶらで出て来たと思うのか。針を一つ買ったのさ。買った針を捨てると思うのか。

買った針を持って鍛冶屋に立ち寄ったのさ。鍛冶屋に立ち寄って、何も買わずに手ぶらで出てくると思うのか。釣り針にしたのさ。

釣り針を捨てると思うのか。釣り針をもって漢江に行ったのさ。漢江に行って何も釣らずに手ぶらで帰って来ると思うのか。

釣り針を水に浮かべたのさ。浮かべた釣り針を捨てると思うのか。浮かべた釣り針に、とうとう鯉が一匹食いついた。

食いついた鯉を捨てると思うのか。食いついた鯉を煮たのさ。煮た鯉を捨てると思うのか。

煮た鯉を食べていると友達が一人やって来たのさ。友達と二人で、鯉をムシャムシャ食べると、美味しくて香ばしいのさ。

（任晳宰　一九七五）

【文献資料】

①任晳宰　一九七五年　第一巻　一七頁

②韓相壽　一九七四年　二三頁（一九七三年八月二〇日に、忠清南道太田市パンアム洞で李ユンファン（五三歳）に聞く）

【話型構成】

Ⅰ．道で銅貨を拾って、針屋に立ち寄って、針を買った。

Ⅱ．買っておいた針を捨てずに、鍛冶屋に立ち寄って、釣針を一つこしらえた。

Ⅲ．釣り竿を持って漢江に行った。釣り竿の先に鯉が一匹、食い付いた。

Ⅳ．鯉を調理して食べていると、ちょうど友達がやって来た。友達と私とでムシャムシャと食べてみると、おいしかったとさ。

【解説】

一つの出来事が次に受け継がれ、次々と受け継がれるたびに豊かになっていく、物語の一つの基本構造（形式）を示す話です。この構造を少し発展させると、日本の「わらしべ長者」（大成155）のような「有利な交換」（ATU1655）の話になります。

【樋口】

【話型比較】 大成155　ATU1655

654 ＊ヨンゲなのか、バンゲなのか

KT 709　ヨンゲかバンゲか

ヨンゲかバンゲを打っているところを（手淫の最中）、婆さんに「何してるんだ」と聞かれて、「ズボンひっくり返して、虱をとってんだよ」と答えた。

（任晳宰　一九七一）

【文献資料】

①任晳宰　一九七一年『韓国民俗総合調査報告書（全北篇）』六八〇頁（一九六九年八月十二日に、全羅北道茂朱郡華豊面県内里三里で金貞淑女史に聞く）（＊『韓国の民俗大系（全羅北道篇）』任東権・竹田旦訳　七二五頁）

【話型構成】

I．（1）ヨンゲかバンゲを打っているとき、婆さんに見つかった。（2）婆さんが、これ、なにをしてるんだというから、服を脱いでしらみを捕っているんだよと答えた。

【解説】

恥ずかしい場面を見咎められて、とっさに言葉の綾で窮地を切り抜ける艶笑譚ですが、一気にリズムよく語るところに特徴がある「一口話」です。

日本の昔語りの世界も、実は「烏賊（いか）をいっぱい獲っ

たと言うから、見に行けば『いっぱい（一つ）』だけだった」、「歯がないから歯なし（話）だよ」、「仁王が屁をして『臭うか（仁王か）』と聞いた」など、一口で終わってしまう短い話で溢れています。しかし、こうした一口話が記録に残るのは稀です。
この話も、たまたま任晳宰という洒脱な記録者の目にとまったために残された、貴重な「一口話」の一つであると言えるでしょう。　【樋口】

655 ＊チコラク・パゴラク

KT 710 チコラク・パゴラク

むかし、チコラクとパゴラクがいて、家には柿の木（カムナム）が二本あり、柿がざらんざらん（チュロン・チュロン）と実ったので、ある日、木に登って柿をとろうとしました。その時、どろぼうがやって来て、何か盗もうとしたので、チコラクとパゴラクが慌てて飛び降りたら、チコラクはチコロジ（ペチャンコ）になり、パゴラクはパグロジタになりました（壊れてしまいました）。

（任晳宰　一九七一）

【文献資料】

①任晳宰　一九七一年　『韓国民俗総合調査報告書（全北篇）』　六六九頁（一九六九年八月十二日に、全羅北道茂朱郡茂豊面縣内里で崔弘俊〔十六歳〕に聞く）（＊『韓国の民俗大系（全羅北道篇）』任東権・竹田旦訳　七一三頁）

②韓相壽　一九七四年　二二頁（一九六〇年に京畿道議政府で記録）

【話型構成】

I．（1）昔、チコラク・パゴラクがいた。（2）その家には柿の木が二本あった。柿がたくさん実った。（3）柿をとりに木に登った。泥棒が物を盗みにきたのでチコラク・パゴラクは急いで降りたが、チコラクはチコラジコ（へこませる）、パゴラクはパゴラジタ（こわれた）。

【解説】

ヨーロッパの民謡や昔話の世界には、マザーグースの「ハンプティ・ダンプティ」に見られるように、話そのものには全く意味がなく、リズムだけで話が進行する「ナンセンス（無意味）な」歌や話の伝統があります。その結晶がルイス・キャロルの『不思議な国のアリス』ですが、このタイプの話や歌は、「何にでも意味があるはずだ」という私たちの常識をひっくり返します。

このチコラク・パゴラクも、ストーリーこそ一定の形式に従って進行しますが、そこにはなんの意味もなく、チコラクもパゴラクも意味のない事件に巻き込まれて、かわいそうに命を落としてしまう。あとにはチコラク・パゴラクという奇妙な音しか残らない。まさに韓国版「ハンプティ・ダンプティ」、ナンセンス話の傑作です。

【樋口】

656 ＊カエルが赤ん坊を産んで

KT 711 蛙のお産

ある人が道を歩いていると、草むらの中から白い煙がもくもくと上がっていた。こんなところからいったいどうして煙が出るのかと、そちらの方に行ってみた。そして、草むらをあちこちかき分けて覗いてみると、カエルが卵を産んで、クッパ（汁ご飯）を作って食べようと、ワカメクッパを作るために火をたいていた。だから白い煙がもくもくと出ていたんだ。

赤ん坊はどこにいるのかと見てみると、おくるみの上に寝ていた。母親に似て、目はポツンと出っ張り、口は平らで、前足は短く、後ろ足は長く、腹は膨らんでいたとさ。

（任晳宰　一九七五）

【文献資料】

①任晳宰　一九七五年　第一巻　九〇頁

【話型構成】

Ⅰ．（1）ある人が草叢の中から煙が出ているので覗いてみると、蛙がお産をして汁をこしらえていた。（2）赤子は母に似て目は丸くとび出て、口は大きく、前脚は短く、後脚は長く、腹はふくらんでいた。

【解説】

蛙のお産の話です。韓国では、ワカメには特別な栄養があり母乳がよく出るようになる等の理由で、お産の前後に必ずと言ってよいほど用意されて妊産婦に供されます。贅沢な場合には、ワカメと牛肉とネギに胡麻油や魚醤を加えて用意します。日本のワカメ汁とは一味違ったハレの食事です。

【樋口】

657 ＊鼻なし爺さんと口裂け婆さん

KT 712 鼻なし爺さんと口裂け婆さん

むかし、むかし、あるところに、口がばっくりと裂けた婆さんと、鼻がない爺さんが暮していた。

ある日、村のある家に目出度いことがあったので、そこにお祝いに行こうと、口の裂けた婆さんは、口を糸で縫い、鼻がない爺さんは、ロウソクで鼻を作ってつけて出かけた。

お祝いをする家に着いた爺さんが、かまどで火をたいていると、ロウソクがとけて落ちてきた。これ

を横で見ていた糸で口を縫った婆さんは、あんまりおかしくて「ハハハ」と大笑いして、とうとう口はもとのように裂けてしまった。

（韓相壽　一九七四）

【文献資料】

①韓相壽　一九七四年　二〇頁（一九六〇年五月二七日に、咸鏡南道高原郡高原面上坪里で金スンブン〔五五歳〕に聞く）

【解説】

昔話のなかには、ハンディキャップのある人を笑う、残酷な笑い話が多く見られます。しかしこれを「ポリティカル・コレクトネス political correctness」にしたがって、差別と偏見のない言葉遣いに改めて語っても、むしろ差別と偏見が際立つだけで、なんの解決にもつながらないのが現実です。

これは昔話を考える上で、大変難しい問題の一つですが、一方で「私たちがこのような現実を笑い飛ばしてきた歴史」を事実として受け止め、その一方で、私たちの新しい語りの場に生かしていく工夫を重ねることが大切であると思われます。【樋口】

V　神話的昔話

十九　神話的昔話

658 ＊創世歌

KT 720 天地創造

一

天と地とが生ずるとき、弥勒さまが誕生すれば、天と地とが相附いて、離れず、天は釜蓋の把手の如く突き出て、地は四耳（しほう）に銅の柱を立て。

その時は日も二つで月も二つで、月一つ取りて、北斗七星・南斗七星に作り、日一つ取りて、大きい星を作り、小さい星は百姓（じんみん）の直星を作り、大きい星は王と大臣の星に作り。

弥勒さまの衣物がなくて作ろうとするに、材（きれ）がなくて、この山あの山越え往く、延び往く。葛を堀り出し、剥ぎ出し、繋ぎ出し、熟し出し、天の下に織機を置き、雲の裏に綜絲（あぜいと）かけ、上げてはトントン、下げてはトントンと織り出して、葛の長衫（長衣）を作るには、全匹が丈で、半匹が袖（そで）なれや、五尺が奥身幅なれや、三尺が襟幅なれや、頭の弁（コル）（帽子）作るには、一尺三寸を裁ち出して作れば、眼の下までにも下がらない、二尺三寸を裁ち出して、頭の弁を作れば、耳の下までにも下がらない、三尺三寸裁ち出

して、頭の弁を作れば、顎の下まで下がって来た。

弥勒さまが誕生して、弥勒さまの歳月（世）には、生の物を召し上がり、火入れずして、生の物を召し上がり、弥勒さまは石の量にて召し上がり、斗の量にて召し上がり、これでは仕方がない。我かく誕生し、水の根本・火の根本、私の外には探し出す者はない、水と火を探し出さねばならぬ。草蝗虫（バッタ）捕らえ出し、刑台にのせ置き、膝の骨を叩き出し、

「これ見よ草蝗虫よ、水の根本・火の根本を知るか」

草蝗虫のいうには、「夜になれば露受けて飲み、昼になれば日の光受け食らいて生きる動物（ムシ）がどうして知らう。私よりも二遍も三遍もよけい化して見た二十日ネズミを捕え来て聞いてみなさい」

二十日ネズミを捕らえ来て、膝の骨を叩き出し「水の根本・火の根本を知るか」

ネズミのいうには、「私にどんな功を建てて下さいますか」

弥勒さまの言葉が、「汝をして一天下の米櫃を所有させてやらう」

すると、ネズミの言葉に、「金トン山に入り往き、片の方は真石にて、片の方は鋼鉄にて、カチカチ打てば火が出ました。ソハ山に入り往けば、泉コンコンと出づ、水の根本はそれである」

弥勒さまが水火の根本を知ったから、人間の話をやって見よう。

二

むかし、そのむかし、弥勒さまが片の手には、銀の盤をのせ、片の手には金の盤を載せ、天に祈祷す

れば、天より虫落ちて、金の盤にも五つにて、銀の盤にも五つなり。

その虫を生長させて、金の虫は男となり、銀の虫は女に作り、銀の虫・金の虫を生長させて、夫婦に作りて、世の中に人間が生まれたり。

弥勒さまの歳月（世）には、石の量、斗の量にて召し上がり、歳月が泰平にして。

しかるところを、釈迦さまが生れ出て、この歳月（世）を奪い取らんとせば、

弥勒さまのお言葉が「まだまだ私の歳月で、お前の世にはなれない」

釈迦さまのお言葉が「弥勒さまの世は過ぎた、今度は私の世を作ろう」

弥勒さまのお言葉が「お前が私の世を奪おうとするなら、お前と私と賭け事をしよう。汚く穢らわしいこの釈迦よ。しからば、東海中に私の金瓶は金の綱にて吊るし、汝の銀瓶は銀の綱にて吊るし」

弥勒さまのお言葉が「私の瓶の綱が切れたら汝の世になり、汝の瓶の綱が切れたら、まだ汝の世でない」

東海中にて釈迦の綱が切れた。

釈迦は腹を出したので（約束を破る意）、「賭けごとをもう一遍やりなおそう。『（咸興を流れる）成川江（ソンチョンガン）に夏氷を張らし得るか』」

弥勒さまは冬至になるようにし、釈迦さまは立春になるようにしたので、弥勒さまは川を凍（こお）らせ、釈迦さまが敗けた。

釈迦さまが「もう一度やろう。汝と私と一つ部屋にて寝て、牡丹の花がポツポツ咲いて、私の膝にのぼれば私の世であり、汝の膝にのぼれば汝の世である」

釈迦は盗賊の心を持ちて半眠し、弥勒さまは真眠を眠った。

弥勒さまの膝の上に、牡丹の花が吹いて昇れば、釈迦がそれを茎から折りて、おのれの膝に挿した。起きて「汚く穢らわしい釈迦よ、私の膝に咲いた花を、汝の膝に折って挿したから、花は咲いて十日を経ず、植えて十年を経ないであろう」

弥勒さまは釈迦の余りうるさきを受けかね、釈迦に世を譲ろうと定め、

「汚く穢らわしい釈迦よ、汝の世になったならば、門ごとにソッテ*がたち。汝の世になったならば、家門ごとに妓生が出て、家門ごとに寡婦が出て、家門ごとに巫女が出て、家門ごとに逆賊が出て、家門ごとに白丁が出て。汝の世になったならば、ハプトリ・チトリ（意味不明）出て。汝の世になったならば、三千の僧に一千の居士が出るであろう。世がそうであれば、末世になる」

そうした三日目に、三千の僧に一千の居士が出て、弥勒さまがその時逃げたので、釈迦さまは僧など連れて探して出かけ、山中に入り往けばノロ鹿があったので、そのノロを捕らえ出し、その肉を三千の串に挿して、山中の老木を折り出して、その肉を焼いて食えといえば、三千僧の中に二人起き立ちながら、その肉を地に投げすて、「私は聖人になるのだ」と、その肉を食わなければ。

その僧二人が死んで山ごとに岩となり、山ごとに松となり。今の人間たちが三四月が近づけば、上饗米にて緑陰の下で、花煎（ファジョン）の遊び・花煎（コジョン）の遊び。


（孫晋泰　一九三〇）

【文献資料】

①孫晋泰　一九三〇年A　一～一四（一九二三年八月十二日に、咸鏡南道咸興郡雲田面本宮里で金雙石伊〔六八歳・女〕に聞く）
②張徳順ほか　一九七〇年　五五～五八頁

【話型構成】

Ⅰ．太初に、天と地が別れていない時、ミルク（弥勒）は地の四方に鉄の柱を立て、天と地を隔てた。

Ⅱ．その時、日と月がそれぞれ二つずつあって、昼はとても暑く、夜はとても寒くて、ミルクは、日を一つとって大きな星、小さい星を、月を一つとって、北斗七星、南斗七星を作った。

【解説】

韓国の神話には、①『三国遺事』や『三国史記』のような文献によって伝えられた神話、②シャーマンが儀礼に際して歌う巫歌に含まれる神話、③民衆の口伝えによる民間神話という三つの種類があると言えるでしょう。

ここに紹介した「創世神歌」は、孫晋泰が一九二三年八月十二日に、咸鏡南道咸興郡雲田面本宮里在住の友人、盧鳳鐘宅に滞在中、たまたま金雙石伊という大巫から聞き取った巫歌で、韓国における巫歌研究の第一歩を示す大切な記録です。

その日、金雙石伊はたった一つの巫歌を聞かせてくれただけでしたが、これを残念に思った孫晋泰は、翌年金雙石伊の自宅を訪ね、彼女の知る限りの巫歌を記録することができました。この時、彼は「私は民俗資料の調査を始めし以来、あの時ほど愉快な日はなかった」と喜びを語っています。

孫晋泰は、この時の調査を皮切りに韓国各地の巫歌を調査し、一九三〇年に『朝鮮神歌遺篇』を上梓しますが、これが韓国の巫歌記録の記念すべき第一歩となりました。彼の業績は、まず秋葉隆と赤松智城等の日本人研究者に受け継がれ、一九四五年の光復以降は、張壽根、崔吉城などの韓国人研究者によって巫歌の記録と研究が推進されて、今日に至っています。

この創世歌の第一は、世の始まりが弥勒の世であったことを語り、弥勒がバッタとネズミに問うて火と水を得たという文化の起源を説き、第二は釈迦が弥勒を欺いて現在の私たちの世を支配するようになった次第を語ります。

心の広い弥勒と邪悪な釈迦の話は、日本でも特に沖縄で「ミルクとサーカ」（通観654）の土地争いとして語られることが多く、八重山諸島を中心としたプーリ（豊年祭）ではミルクが豊かな実りをもたらす豊饒神として登場します。

中国でも、釈迦と弥勒がこの世の支配を争い、花を咲かせる競争をする話が、華北から華南までの漢族、また西南中国のチベット・ビルマ語群の少数民族のあいだに広く伝わっています。いずれも狡猾な釈迦が弥勒の花を盗んで支配権を得ることになります。そして、その中には細部においても韓国の「創世歌」と共通する話があります。

たとえば福建省甫田に伝わる伝承では「花咲かせ競争」に敗れた弥勒が道符（道教の霊符）を用いて火や水を隠してしまったので、釈迦が鼠を派遣して弥勒のところまで道符を取りに行かせ、火や水を取り戻すという話になっています。これは韓国の例話にある、弥勒が鼠によって火を発見するという話と共通します。

また浙江省舟山市の伝承では、釈迦が争うのは観音になっていますが、観音が「天の虫から人間を作る」という、韓国と共通した伝えがあります。さらに同省太湖郷には、天地崩落の後、弥勒が人間と穀物を作り出し、人間の娘に太陽と月を作らせたという、弥勒による二次的な創世神話が伝わっています。

【斧原・樋口】

【話型比較】　通観654

＊一般にソッテは、村の入口に立ち、頂に鳥がとまる神聖な竿です。その場合、竿は天上から神を迎え、村の入口を守ります。しかし、この場合のソッテは、かつて被差別であったムーダンが降神に用いる竿で、人々をすべて被差別民に堕とす呪いのシルシです。

▲ソッテ

659 ＊太初、神と人間は一緒に暮らす

KT 721 最初に神と人間は一緒に暮らす

この世が開ける前には人間と鬼神が共に住んでいたそうだ。鬼神の方が数が多かったらしい。鬼神と人間はうまくはやっていけなかった。というのも、鬼神の手がたとえば人間の頭に触れると頭がすごく痛み、また膝に触れると膝が痛くてたまらなかったからだ。人間たちは辛抱していたが、ついに辛抱にも限界がきたので、「これじゃ、たまらない。鬼神どもの手がわれら人間の体に触れるとそこの所が死ぬほど痛くなる。なんとか解決策を講じないと」といって相談した結果、そのことを訴えることにした。

すると、瑞項(せんぎょく)高陽氏が南正中を遣わし、もとは人間も鬼神も天上界に住んでいたのだが、鬼神は天上に人間は地上に住むように分けた。それからはお互いけんかをすることはなかった。

だから今も体のどこかに痛みを覚えた人は、瑞項高陽氏か南正中の名を書いた紙を背中にはりつけるとすぐに病気が治るという。

（崔仁鶴　一九八〇）

【文献資料】

①崔仁鶴　一九八〇年B　一五三〜五四頁（一九七三年九月に、全羅南道光山郡で兪太平〔八三歳・男〕に聞く）

【話型構成】

Ⅰ．泰初に、鬼神と人間は混ざって一緒に暮していたのだが、鬼神が人の頭を触れば頭が痛くて我慢できず、鬼神が人の膝を触ると膝が裂けるように痛かった。

Ⅱ．それで、こうやって死んではならないと思い、瑞頊高陽氏が南正中に命じて、鬼神をすべて天上に住まわせるようにした。

【解説】

瑞頊（せんぎょく）・高陽氏が、鬼神と人間の間に境界を定め、鬼神の世界と人間の世界を分けたという話です。高陽氏は『史記』の「五帝本紀第一」に登場する黄帝に続く瑞頊帝のことですが、『史記』には、このエピソードは登場しません。宋代の『十八史略』等に民と神との秩序が乱れたので南正の重に天を司らせ、北正の黎に地を司らせたという記述が見えます。

ここで言う「神」や「鬼神」というのは祖霊一般を指し、韓国の昔話に登場する「祖先祭祀を受けることが出来ず、あの世にいくことができない怨霊」としての鬼神とは違う意味を持ちます。また「南正」「北正」というのは本来官職を示す言葉で、人名ではありません。韓国語では「中」と「重」が同じ「중（チュン）」という発音なので、南正という官職の重が、南生の中となり、「南正中」に転化して「南正中」という人名になったのではないでしょうか。

いずれにせよ、こうした中国起源の神話が、まずは文献をもって韓国に伝えられ、さらに神話的昔話として語り伝えられたことや、「瑞頊高陽氏」や「南正中」のお札が痛み止めの呪い（まじない）になったということは、大変興味深いことであると思われます。

中国雲南省に住む少数民族の間には同様の伝承があり、ヌー族は次のような伝承を伝えています。かつて人と鬼は一緒に住み、区別がつきませんでした。ある智慧者が人々を招いて酒と豚の血を振る舞い、血を飲んだ者を鬼だとして背中に印をつけておきます。そして背中に印のついた者を大きな筏に乗せて川に沈め、鬼を退治し

たという伝承です。

またプーラン族には次のような伝承があります。かつて人と鬼は一緒に住んで、結婚もしていました。人間の夫と鬼の妻の夫婦があり、あるとき妻が家に帰ると、夫が泣きやまない子供に向かって、鬼の生んだ子供など放り出してやると叫んでいます。これを聞いた妻は子供を連れて家を出、それから人と鬼は分離したといいます。

【斧原・樋口】

660 ＊日妹・月兄（その一）

KT 722 日妹と月兄

むかし、天の主に二人の兄妹があった。兄は太陽となり、妹は月になっていたところが、妹は「月は人がみんな見ているからいやだ。太陽は人がまっすぐ見られないから、わたしを太陽にしておくれ」と不平をいった。兄はこれに反対して「太陽は天下を周遊する。これは男子の気象である」といってゆずらなかった。兄妹はそこで相争うようになり、兄は煙管（きせる）で妹の眼をつきさし、それをつぶしてしまっ

た。兄はこのことが気の毒で仕方がないので、太陽を妹にゆずり、そして自分は月になった。

（孫晋泰　一九三〇①）

【話型構成】

Ⅰ．むかし、天の神で、二人の兄弟がいた。兄は太陽、妹は月だった。

Ⅱ．ある日、月は、人がみな眺めるのでいやだと言い、太陽になると不平を言った。

Ⅲ．しかし、兄は、太陽は男の気象で、天下を回るものだから、譲れないと言った。

Ⅳ．兄弟は争い、兄はキセルで妹の目を刺してしまった。それで、兄は妹がかわいそうで、太陽を譲り、自分は月になった。

【ヴァリアント】

Ⅲ．兄弟は仲が悪く、争って兄が妹の目を刺して、殺した。母親は、兄を餓えさせて殺した。その後、妹は太陽になり、兄は月になった②。

【類話】　日妹・月兄（その二）

大むかし、二人の兄妹をもった母がいた。兄妹は仲が悪かったので、常に喧嘩ばかりしていた。ある日、兄は妹の眼に針をさして殺してしまった。兄はそれがため母に監禁され、餓え死にさせられてしまった。その後、妹は太陽になり、兄は月になったが、妹は針で眼をさされたので今でも強い光を放ち、人が彼女を見るときはその人の眼をまばゆくさせるものである。

（孫晋泰　一九三〇②）

【文献資料】

①孫晋泰　一九三〇年　八～九頁（一九二三年八月二九日に、咸鏡南道咸興郡咸興面中里で康氏夫人（六〇歳）に聞く）

②孫晋泰　一九三〇年　九頁（一九二三年八月十五日に、咸鏡南道咸興郡咸興面中荷里で趙英淑女史に聞く）

【解説】

孫晋泰は、一九三〇年にシャーマンの語る神話を収めた『朝鮮神歌遺篇』を刊行すると、直後に『朝鮮民譚集』を刊行し、その冒頭に民衆の語る「神話伝説類」五十一話を紹介しています。その内の二十五話が宇宙の起源や人類の誕生を説く神話です。

この話のように、太陽が女性で月が男性であるという神話は世界各地に見られます。日本のアマテラスとツクヨミも姉と弟の関係です。『民間説話のモチーフインデクス』を著したスティス・トンプソンは「太陽は姉、月は弟」というモチーフをA761・1に分類し、ドイツやインド、イヌイットやアメリカ先住民等に類話が見られるとした上で、その多くが「月が太陽を妻としようとしたので、太陽が怒り、月に烙印をおして、燃える火を手に月を追いかける」という近親婚の要素を含むと指摘しています。

韓国には、この話と同じく日と月の起源を語る「日と月の起源」（KT100）があり、虎から逃れて天に上った兄と妹は、兄が太陽、妹が月になりますが、鄭寅燮の『温突夜話』に収められた類話では、神が「ここでは、お前達も何か仕事をしなくてはならない！　兄は太陽になり、妹は月になるがよい」と言い渡しますが、妹は神に「私は夜がこわくて、月になるのはいやです」と断り、神は妹の願いを入れて、兄を月に、妹を太陽としたことになっています。ところが「妹は太陽になったものの、自分の顔を人目にさらすのがきまり悪く、人から見られないように強い光を出すようになった」と結んでいます。

中国ではこの話は、民間神話として漢族のあいだに広く伝わっています。太陽と月は、もともと兄妹（夫婦）でしたが、妹（妻）は夜が寂しいので、兄（夫）に役割を代わってもらい、昼に出る太陽になります。しかし妹（妻）は人々に見られるのが恥ずかしく、針を投げて人々の目を刺したため、太陽を見ると眩しいという話になっています。同様の話は西南中国の少数民族にもあり、雲南省に住むプミ族の神話では、兄と妹が結婚することになっています。二人は神によって太陽と月にしてもらいますが、月になった妻は夜が寂しいので夫に代わってもらい、太陽になったといいます。ここでも妻は針を投げて、自分を見る人の目を刺すことになっています。

【斧原・樋口】　【話型比較】Eberhard 68

661 ＊牽牛星と織女星

KT 723 牽牛星と織女星

むかし、天の国の大王のところに、織物が上手な姫さまがいた。お姫さまは布を見事に織るので、織女と言われていた。姫は、婿を探し、牛を上手に飼う青年を見初めた。青年は、牛を上手に飼うので、牽牛と呼ばれていた。この二人は結婚をした。

しかし、この結婚は大王の意にそまず、大王は牽牛を東に織女を西に、それぞれ配流した。そして二人は一年にたった一度だけ七月七日に川を挟んで会うことができたが、川を渡ることができないので、川を挟んで涙を流し、涙は地に落ちて洪水になった。

そこでカササギとカラスが相談して、洪水が起こらないように、七月七日に天に上って川に橋をかけ

てやった。

七月七日が過ぎると、カラスとカササギの頭がはげるのは、カラスとカササギが身を挺して架けた橋を、牽牛と織女が踏んで通るからだという。

（沈宜麟　一九二六）

【文献資料】

①沈宜麟　一九二六年　七八〜八〇頁
②金相徳　一九五九年　三九三〜九六頁
③中村亮平　一九二九年　一三二〜三七頁

【話型構成】

Ⅰ．天の国に大王がおり、娘が一人いたのだが、織物を上手に織るので、織女と言われていた。

Ⅱ．婿を探し、牛を上手に飼う牽牛を見つけて結婚させた。しかし大王は、この二人の夫婦のしたことが気に入らず、牽牛を東に、織女は西に配流した。

Ⅲ．二人は、一年に一度、川をはさんで涙ながらに会った。二人の涙は地上に落ちて、大洪水となった。

Ⅳ．カラスとカササギが互いに話し合って、洪水が起こらないようにするため、牽牛と織女が会う日に橋をかけてやることにした。

Ⅴ．その後、七月七日になるとカササギとカラスが橋をかけ、牽牛と織女を渡したので、その後は洪水がなくなった。

Ⅵ．七月七日が過ぎるとカラスとカササギの頭がはげるのも、牽牛と織女が頭の上を歩いていくからだということだ。

【解説】

これは「きこりと天女」（ＫＴ２０５）の類話ですが、「きこりと天女」には、きこりが天に上った後に花嫁の父の策略で引き裂かれ「一年に一度だけ天の川を挟んで会うことができる」というエピソードが見られません。

きこりではなく牛飼いを主人公とするこの話は、中国由来の「牽牛・織女の伝説」とあいまって、この欠落を補うものだと考えられます。

韓国でも日本の七夕にあたる七月七日の節句（チルウォル・チルナル）には、菓子や果物を用意し、チャンドクテに井戸水を供えたりして、娘たちが針仕事が上手になることを願いますが、日本と違って、その日は牽牛と織女が一年に一度会うので、二人の嬉し涙で雨が降ると信じられています。

チャンドクテは、女たちが守る内庭（マダン）の井戸のそばにあるキムチやカンジャン（醤油）など保存食を収めた甕をおく場所で、一段高い神聖な場所です。

▲チャンドクテ

中国の西周から春秋時代の詩を集めたとされる『詩経』「小雅大東」には、天漢（天の川）・織女・牽牛の要素がすべて見えますが、ここには年に一度の逢瀬については述べられていません。後漢・応劭『風俗通義』佚文に、織女が鵲（カササギ）に命じて七夕に川に橋を架けさせる話が見え、後漢時代には七夕伝承の重要な部分はできあがっていたといわれています（小南一郎『西王母と七夕伝承』）。そして南北朝期には、ほぼ伝承が完成されていたようです（梁・宗懍『荊楚歳時記』）。現在でも牽牛・織女の七夕伝承は中国の広い地域で伝承され、中国四大伝説の一つとなっています。

【斧原・樋口】

【話型比較】 大成118　通観221

662 ＊日蝕と月蝕

KT 724　火犬（日食と月食）

天上にもこの世界のごとく多数の国がある。その中の一つは「暗黒国」である。その暗黒の国には恐ろしい猛犬がたくさん飼われていて、それは「火犬」といわれている。

暗黒の国の王様は何より自分の国の暗いのが心配であり、いやなのである。その国には太陽もなければ太陰もないからである、それ故に、暗黒の国の王様は時々その猛犬をやってわれわれの世界の太陽や太陰を盗もうとする。

その昔、暗黒の国の王はその国中で一番猛々しい、そして一番強い火犬に「太陽を盗んでこい」といいつけた。その犬は火の塊をもよくくわえることができるので「火の犬」といわれるのである。火犬は太陽を盗もうとして、太陽をくわえてみたが、とても熱くて口の中がやけそうなので、仕方なく途中で止めてしまった。火犬は、それが残念でたまらなくて、幾度もくわえては放し、くわえては放ししたが、とうとう盗めずに帰っていった。

暗黒国の王は火犬を叱ってみたが、やむを得ぬことなので、今度は、光は少しうすいがそれでも暗黒

よりはましだろうといって、月を盗もうとした。それは太陽のように熱くないので、容易に盗み得ると思っていた。

そしてまた一匹の猛犬をやったところが、月はあまりに冷たいので、火犬は幾度もくわえては放しを繰り返したのち、またまた失敗して帰ってしまった。

暗黒の国の王は幾度失敗してもこれをあきらめることができない。時々盗心を起こしては猛犬に命じてこの世界の太陽や月を盗ませるけれども、それはいつも失敗に終わるのである。

火犬が太陽や月をくわえる時は、そのくわえられた部分が光を失い暗くなるので、日蝕や月蝕になるものである。火犬が太陽や月をくわえる様は人の目によっても見ることができる。

太陽はまばゆくてこれを直視することができないから、日蝕の様子を見ようとすれば、大きいタライのような器に水をもり、墨水をとき入れて、その中に映る太陽をのぞけば、うすうすとその形を見ることができる。

月蝕の時も、同じような器に墨水をとき入れて見れば、火犬のかじったり放したりするところがわかるという。

（孫晋泰　一九三〇）

【文献資料】

①孫晋泰　一九三〇年　一〇～一一頁（一九二三年八月十二日に、咸鏡南道咸興郡咸興面何東里で金浩栄に聞く）

②鄭寅燮　一九五二年　一一～一二頁（一九一二年に、慶尚南道彦陽で鄭宅夏に聞く）

③任東権　一九七二年　八五～八七頁（＊『韓国の民話』熊谷治訳　五九～六〇頁）

④金素雲　一九五五年　二三～三〇頁

⑤崔仁鶴ほか　一九七〇年　第五巻　四五～五〇頁
⑥李相魯　一九六二年　二三五～三九頁

【話型構成】

Ⅰ．暗国と火犬。(1) 昔、天国に真暗な国があった。(2) その国の人たちは、光をみるのがなによりの願望であった。(3) そこで王様は、火犬を遣わし日と月を盗んで来るよう命じた。

Ⅱ．火犬の失敗。(1) 火犬は太陽のもとに行ったが、あまりに熱くて目的を果たせなかった。また月はあまりに寒いので失敗した。(2) しかし、王様は幾度も繰り返し命じるので、火犬は今もなお日と月のもとに行って噛みとろうとしている。(3) 日蝕と月蝕が起こるのも、そのためである。

【解説】

孫晋泰は『朝鮮民譚集』の中でこの話は「朝鮮のいたるところにある」と記していますが、ギリシャ神話のプロメテウスのように「文化英雄が火を盗む」神話は世界中に見られても、「犬が火を盗むことが、日食・月食の起源となる話」は韓国・朝鮮以外の地域には、あまり見られないようです。

しかしその一方で、犬が天にのぼり月を噛んだために月食が起こる話は、西南中国から、モンゴル、シベリア、北米先住民などモンゴロイド系の民族に広く伝えられています。これらの地域では、犬が橇を引いたり、ものを運ぶことで人と緊密な関係を持つことから、このような伝承を生み出したものと思われます。シベリアの少数民族と同じツングース族を祖とする韓国朝鮮民族が、同じ伝承を伝えながら、「火を盗む犬」という独自のモチーフを付け加えたのだと推測することも可能ではないかと思われます。

中国には、天上にいる犬（天狗）が太陽や月を噛むために日月蝕が起こるという観念があり、このため日蝕や月蝕の時には鍋などの金属を叩いて天狗を驚かせる習俗が行われていました。雲南省に住む複数の少数民族の間には、不死の薬を奪回するために「月に上った犬と月蝕の起源」について、次のような神話がまとまった形で伝えられています。

ある男が不死の薬を入手しますが、薬を月に盗まれて

しまいます。男は不死の薬を奪い返すために、犬を連れて天梯を登り月に向かいます。ところが妻の過失によって天梯は倒れ、男は墜死してしまいます。ひとり月に上った犬は月を噛み、このために月蝕が起こるというのです。

【話型比較】通観7

【斧原・樋口】

663 ＊大洪水と人類

KT 725.1　兄妹の結婚

むかし、ある年に三ヵ月あまりもの長い間、雨が降り続くというたいへんな長雨があった。まるで空の大きな水がめをひっくり返したように雨が降りしきったので、この世はすっかり洪水となり、海になってしまった。平野はもちろん、高い山々も水の中に沈み、人家もひとつ残らず流されてしまった。人もみんな死んでしまい、兄妹だけが生き残った。

二人の兄妹は幸いにも洪水を避けて、高い山に急いで避難したおかげで生き残ることができた。何ヵ月かが過ぎて水がみんな引いたのち、兄妹が村に戻ってきてみると、野山はすべて荒れはてて、生き残った人はひとりもおらず、寂寞たることこのうえもなかった。

兄妹は生きていくすべを求めて一生懸命に働いた。家も新しく建てて、農作業も始めた。

しかしながら、兄妹は困難な問題に遭遇した。兄妹であるがために結婚することができず、子供もいないので、寂しいのみならず人手もたりなかった。こうして心配が積もるばかりであった。

兄妹は石臼を持って高い山に登っていった。山の頂上で両手をあわせ神様にお祈りをした。「私たちは兄妹であるので結婚することができず、不安な思いで過ごしています。どうすればよいのでしょうか？」と言いながら、兄は雄の石臼を東側からころがし、妹は雌の石臼を西側からころがして、二人は山を降りていった。

山を降りてみると、不思議なことに東と西の正反対の方向からころがした石臼がぴたっと重なっていた。兄妹は「これは明らかに、ふたりが結婚してもよいという神様のご意思だ」と解釈して結婚した。ふたりの結婚は人類の滅亡をくいとめ、こんにち生きている人びとはみんなその兄妹の子孫だ、と言われている。

（任東権　一九七二）

【文献資料】

①任東権　一九七二年　八七～八八頁（＊『韓国の民話』熊谷治訳　六〇～六一頁）

【話型構成】

I．（1）大洪水で世界は全滅し、兄妹二人だけが山の峰に漂着した。（2）兄妹は結婚相手がみつからず、占うこ

とにした。⑶山の蜂でひき臼をころがした。すると妹の臼が兄の臼にくっついた。⑷それで二人は神意と思い、結婚した。

【古典文献】

中国　唐　李冗『獨異志』巻下

【解説】

旧約聖書の「ノアの箱舟」で知られるように、神の怒りなどで洪水が起こり、生き残った者が再び世界を繁栄に導くという「洪水神話」は世界中に分布していますが、東南アジアから中国南部の華南を経て東アジアにいたる地域には「洪水の後に残された兄と妹が結ばれて人類の祖となる」という兄妹婚型の洪水神話が多く記録されています。

日本でも、兄妹婚型の洪水神話が沖縄の島嶼部に多く見られます。

兄妹の結婚は一般にタブーとされていますから、神の許しを請うことが必要とされることも多く、この話のように「山上から臼を転がすと凹の石と凸の石が重なったので、神意を得た」として兄妹が結ばれる話は中国西南部に多く、エバーハルトは『中国昔話集』の中でタイプ48として分類しています。

このタイプの話は、中国では唐代にまで遡り、『獨異志』巻下に、太古の時代、崑崙山に住む伏羲と女媧という原初の兄妹が、それぞれ火を燃やして煙が一つに合わさるかどうかを占い、煙が合わさったために結婚したという話があります。漢民族から西南少数民族の間にまで、大洪水の後で生き残った兄と妹が様々な占いを行い、その結果、結婚して人類の祖となったという話が広く伝わっています。

兄妹の占いは、中国ではそのほかに針と糸を投げたり、兄妹が反対回りに歩いて最初に出会った者と結婚すると決めた、と説く例もあります。　【斧原・樋口】

【話型比較】　通観4（沖縄通観41）　Eberhard 48

664 ＊兄と妹の結婚

KT 725.2 兄と妹の結婚

慶尚北道開寧（今の高霊）午谷の羅氏は今でも常民とされている。その理由はつぎのようである。壬辰の倭乱（秀吉の役を指す）にあって、人間は亡びてしまい、ただ兄妹がのこっていた。彼らは種をのこさねばならなかったが、結婚すべき相手がない。そうかといって兄妹で結婚をするわけにもゆかぬので、彼らは二つの山の峯にのぼり、青い松葉に火をつけながら、おのおの天の神に祈った。「天神よ、もし私たちの種をのこして下さるつもりなら、両方から昇る煙を空の上で合わせて下さい。またもし、私たちの種を絶つつもりなら、はなれた峰から上げる煙ですから、これをはなればなれに散らして下さい」と。風もない天気であったのに、二つの山からあげる煙がふしぎにも空中で合った。そこで彼らは天の神の意志をわかり、兄妹で結婚し、後世にその種をのこしたのが今の羅氏の一族である。しかし彼らには「外家」（母方の意）がない。それで、彼ら羅氏一門はなお常民とされ、官吏にもなれないのである。

（孫晋泰　一九三〇）

【文献資料】

①孫晋泰　一九三〇年　三七～三八頁（一九二三年八月三日に、慶尚北道漆谷倭館で金永奭〔男〕に聞く）

②孫晋泰　一九四七年　八九頁（一九二三年に、慶尚北道漆谷で金チヒョン老人〔男〕に聞く）

【話型構成】

Ⅰ．(1) 壬辰倭乱の頃、戦争で全滅し、兄妹二人だけが残った。(2) 兄妹は子孫の繁栄を願って、天神に結婚の意思をうかがうため占うことにした。(3) 両峰から松に火をつけた。すると煙は空で結ばれた。(4) 二人は神意と思い、結婚して子孫を繁栄させた。

Ⅱ．兄と妹は、現在の羅氏の始祖になり、そのため、朝鮮時代には、羅氏には、不倫の兄妹結婚をしたといって官職に採用させなかった。

【解説】

ＫＴ725・1「兄妹の結婚」と同一話型ですが、村の滅亡の原因が、壬辰倭乱（文禄慶長の役）とされています。この兄妹は松の葉を焚いて神意を占い、煙が一つになるのを見て許しを得たと考えて結ばれます。これが羅氏の祖なのですが、兄妹婚なので母方の姓も羅となります。韓国では、同姓婚がタブーとされているので、羅氏は忌避され、両班身分から遠ざけられたというのです。

孫晋泰は、この話を『韓国民族説話の研究』で取り上げた際に、羅氏は蒙古から渡来した氏族であり、蒙古には海がないので洪水説話は存在しない。そのために「洪水」が「大戦争」に変わったのだろうと推測しています。

【崔・樋口】

【話型比較】通観4（沖縄通観41）　Eberhard 48

665 ＊大洪水と人類

KT 725.3　兄と妹の結婚

むかし大洪水の出たことがあった。長い間の大雨と津浪のため、この世界はすべて海になってしまい、生物はもちろんのこと、人間という人間も全く絶滅してしまった。

そのうち、ただ二人がのこって高い山の上に漂着した。大きい樹にのっていたのである。洪水が引いて世界はもとの通りになったが、人間が一人ものこっていないので、かの兄妹が結婚をしないと人間の種が絶えてしまわなければならなかった。けれども兄妹で結婚をするわけにはゆかんので、二人はついに老いぼれて髪の毛がぬけ始めた。その時、一匹の虎がどこからか一人の男をつれてきたので、妹はその男と結婚して子をうみ、ついに今日の人類の祖先となったともいわれている。

（孫晋泰　一九三〇）

【文献資料】

①孫晋泰　一九三〇年　二九～三〇頁（一九二三年十一月八日に、釜山府佐川洞で金升泰に聞く）

【話型構成】

Ⅰ．長く続いた津波で、世界が海になった。それで、高い峰にいた兄と妹だけが生き残った。

Ⅱ．兄と妹は結婚できず、年をとっていった。ある日、一匹の虎が、一人の男の人を連れてきて、妹はその男の人と結婚し、ついに、人類を繁殖させ、彼らは人類の祖先になった。

【解説】

大洪水の後に兄と妹が取り残されますが、妹は兄と結婚することなく、虎の連れてきた男と結ばれ人類に繁栄をもたらす話です。

この話の場合は、妹が結婚するのは動物が連れて来た人間ですが、洪水神話の中には、娘が犬などの動物そのものと結ばれる場合も少なくありません。

とくに日本の沖縄には、「宮古は犬の子」という始祖神話が残されています。大洪水で取り残された娘が犬と結ばれたり、犬が手柄をたてた褒美に娘と結ばれて、宮古島に渡り始祖となったというのです。

これは異類婚姻譚の「犬婿入」（大成１０６）のヴァリアントとも考えられますが、洪水神話の一種とも考えられます。

【樋口】

【話型比較】大成１０６　通観４１（沖縄通観４１・９３）
Eberhard 48

666　＊生物は水よりなる

KT726　生物は水から

生物は総て水より生まれたものである。人間も水より生まれでるではないか。（孫晋泰　一九三〇）

【文献資料】

①孫晋泰　一九三〇年　四頁（一九二三年八月三日に、慶尚北道漆谷郡倭館で金永奭に聞く）

【話型構成】

I．（1）生物はすべて水から生まれる。（2）人間も水から生まれたのだ。

【解説】

これは、孫晋泰が一九二三年八月三日に慶尚北道漆谷郡倭館で金永奭老人に聞いた話です。この日、金永奭は「人間と生物の創生」（KT727）、「世界滅亡の時代」（KT729）、「生物は水より生る」（KT726）、「天動地静」（KT731）という宇宙と人類の誕生にまつわる話を語っています。孫晋泰が訪ねた多くの語り手のなかでも、このような創世神話を提供した金永奭は、稀有な存在であったものと思われます。

一般に人を含む生物は、旧約聖書のヤーウェのような創造主の手で造られるタイプと、日本神話の神々のように自然に生まれてくるタイプの二つに分かれます。

「生物がすべて水から生まれた」とするこの話は、後者の自然発生型ですが、現在、私たちが知る「生命が水中で誕生した」という考えに符合する貴重な証言であるとも考えられます。孫晋泰は二三歳の時に片田舎の古老から聞いたたった一言を、三〇歳になって刊行した『朝鮮民譚集』（一九三〇）に収めます。高木敏雄や西村眞次に神話学を学んだ彼の神話に対する考え方がよく伺えるように思われます。

中国では、水から人間が生まれるという神話は一般的ではありませんが、雲南省西北部に住むトーロン族には、「太陽と月が交合して万物を生んだ時、万物には区別がなかった。その後、雪山の神が雪から作った水で万物を洗い、区別が生じた。この時に水中から男女の人間が生まれた」という神話があります。【斧原・樋口】

KT 727　人間と生物の創生

667 ＊人間と生物の創生

開闢の時、天と地は相接していた。しかして後、天はふたたび上の方に昇り、地は天の圧力によって平たくなった。

その後、地上からは第一に人間が生まれ出た。人間が生まれた後、多くの生物やその他の万物が生まれ出た。

（孫晋泰　一九三〇）

【文献資料】

①孫晋泰　一九三〇年　三頁（一九二三年八月三日に、慶尚北道漆谷郡倭館で金永奭に聞く）

その後、天は上に昇った。地は天の圧力によって平らになった。（3）それから地上に人間が生まれ、次にその他の生物ができた。

【話型構成】

Ⅰ．（1）天地創造の時、天と地はくっついていた。（2）

【解説】

これも、孫晋泰が金永奭老人から聞いた話です。

原初に天と地が一対の夫婦として相接していたという神話は、ギリシャ神話のウラノス（天）とガイア（地）にも見られますが、中国では盤古神話として知られ、天（陽）と地（陰）の分離を語る話とされています。盤古は天と地が分かれるとともに成長し、一万八千年生き、盤古が死んで倒れると、その体から山や川や太陽や月が生まれたというのです。

金永奭の語りは、この盤古伝承を受け継ぐもので、今も陰陽の国旗を掲げる韓国の誕生にふさわしい神話であるとも考えられます。

中国では、三国呉・徐整撰『三五歴紀』に、はじめ混沌としていた天地の間に盤古が生じ、やがて天地が分離していったという神話が見えます。天は一日に一丈ずつ高くなり、地は一日に一丈ずつ厚くなり、盤子も一日に一丈ずつ成長したため、天地は今日のように離れるようになったといいます。伊藤清司はこれとは別系統の天地分離神話があったとし、『山海経』大荒西経の「顓頊が老童を生み、老童が重と黎とを生んだ。天帝は重に命じて上天に献じさせ、黎に命じて下地に卬させた」という記事を、天帝の命を受けて重黎が天地を押し開いて離したという神話であった、としています（伊藤清司『中国の神話・伝説』）。

少数民族の間にも天地が分離したという神話は広く伝わっており、雲南省のワ族や台湾の高山族では女が杵で天を押し上げたために天が上昇したと説き、また雲南省のトーロン族では天地をつないでいた梯子を蟻が食ったために天と地が離れたと言っています。また同じく雲南省のリス族では、薪を背負っていた人がもう少し天が高くなれと文句をいったため、天が高くなったといいます。

【斧原・樋口】

【話型比較】 Eberhard 56

668＊生殖器の由来

KT 728 生殖器の位置

最初、人間の生殖器は男女とも額についていた。互いにそれを見ることができたので非常に道徳が乱れ、人々は人目さえなければところ構わず、どこでもほしいままに淫行をした。親友の妻にも悪いことをしていた。そこで二人の瞳子神（今は眼の中にいるが、その時は両肩の上にいた）が相談した結果、少し位置を下げて、今の口のところに移した。

ところが「臭くて仕ようがない」と鼻が不平をいいだしたので、今度はヘソのところに移した。すると下肢の方から不平を起こした。そんな貴いものを上体の方にばかりおくのは体の下部を虐待するものであるというのである。そこで、公平にこれを体の中央につけておこうと相談して現在の場所に移したものである。ヘソは昔のその痕跡であり、口の周りにヒゲの生えるのはむかし生殖器がそこにあったためである。そして女の陰部が縦に長くなっているのは、上体と下体とがたがいにこれを引っぱりあっているからであり、また二神はこれを動かないようにするため、陰部の中に釘形のものを打ちこんでおい

た。二神はまた男根もこれを動かないように引きぬいておいたとの話である。

ちなみに、瞳子神は夜の間、昇天して世間のできごとを天の神に告げるものである。それで人間は夢を見るようになるそうだ。

（孫晋泰　一九三〇）

【文献資料】

①孫晋泰　一九三〇年　三六～三七頁（一九二三年八月十一日に、咸鏡南道咸興邑何東里で金浩栄に聞く）

【話型構成】

I．(1)最初に人間の生殖器は額にあった。(2)その頃はとても道徳が乱れていて、二人の瞳子神は相談して生殖器の位置を口の付近に移した。(3)ところが、臭くて鼻が我慢できないと訴えるのでへその付近に移した。(4)すると今度は、脚から訴えが出た。そんなに貴重なものを上体にばかりおくのは不当だという。それでしかたなく体の中央に当たる今の位置に移した。(5)へそはむかしそれがあった跡であり、口のまわりに毛がはえるのもそれがあったからである。

【解説】

男女両性がいかに誕生したか、いかに交わるようになったか、という性の起源神話は世界中に分布します。

日本の沖縄には「性器の位置」（通観13・沖縄通観377）というこの話と同じく「最初は額についていた性器を臭いのであちこち移し、最後に今の位置に落ち着いた」とする話が伝えられていますが、沖縄と一衣帯水の位置にある台湾先住民の間にもこの話の類話が伝えられているのは、大変興味深いことです。

たとえば、アタヤル族には、「かつて陰部は額にあり、風紀が乱れること甚だしかったために協議することになった。胸や肘にせよという意見もあったが、たまたま蝿が股間に止まったため、ここが良いとして股間になった」という話があります。

このタイプの話は、ルカイ族、パイワン族にあったと

されています（山田仁史「Vagina frontis　性交の起源の説話」『台湾原住民研究2』）。

中国大陸では満洲族のあいだに、神が二人の原始巨人に男女の性器を与えようとし、頭につけると風雨に晒され足下に付けると歩くときに傷つけるので身体の中間に付けた、という話があります。当初から付いていたとは言いませんが、同一の神話だと思われます。

【斧原・樋口】

【話型比較】通観13

669 ＊世界の滅亡時代

KT729　世界の滅亡時期

いつかは世界の滅亡時代が来る。その時は真っ赤な大きな太陽が出る。そして天と地とはふたたび相附いてしまって、石臼のようになって回転する。そうすれば、地上のあらゆる生きたものは滅亡してしまう。その後新たに人間と生物が生まれるそうである。またある説によると、天と地とが石臼のように

なって回転するとき、善人だけが石臼の穴の間にのこっていて、ふたたび人類を繁殖させるだろうとも言われている。

（孫晋泰　一九三〇）

【文献資料】

①孫晋泰　一九三〇年　三～四頁（一九二三年八月三日に、慶尚北道漆谷郡倭館で金永奭に聞く）

【話型構成】

I．（1）いつか世界は滅亡する時がやってくる。（2）そのときは、大きな太陽ができて天と地がくっつき、ひき臼のように回転する。（3）地上のすべての生物が滅び、再び蘇生する。（4）ひき臼のように回転するとき善人だけが臼の穴に入って生き残り、人類を繁殖させる。

【解説】

旧約聖書の「ノアの箱舟」や新約聖書の「ヨハネ黙示録」、北欧神話の「神々の黄昏」、仏教の末法思想などに見られるように、世界の破滅とその再生を語る神話は、世界中に分布します。

金永奭老人が語る「世界の滅亡時代」は、「人間と生物の創生」（KT727）と対を成す話で「最初は相接していた天（凸）と地（凹）がいったん分離するが、滅亡の時に再び接し、挽き臼のように回転し世界を破滅に導く」という創造から滅亡への一貫した展開をしめします。しかし、その滅亡には再生への糸口も残されていて、「悪人は滅んでも善人は臼の穴に逃れ、再び繁栄する」というのです。

こうして見ると、これはやはり「人類の創造から破滅、破滅から再生」という円環的な救済譚の類型に属するものと考えられます。

【樋口】

670＊雷と稲妻

KT730 雷と稲妻

むかし朝鮮には雷が非常に多かった。それゆえに、人畜の死傷はもちろん、農作物にも害がいちじるしかった。高麗時代の大将姜邯賛はそれを退治しようとして、ある日高い歯の下駄をはき路傍の便所で（あるいは井戸の中に）用便をしていると、にわかに雷が猛烈な勢いで鳴ったかと思うと赤い火花になって彼の前をとおった。彼は素早くその稲妻を両手でとらえ、中ほどから折ってしまった。それに恐れをなして、雷はその後非常に少なくなり、稲妻も決して地上までは下りてこないようになったという話だ。

（孫晋泰　一九三〇）

【文献資料】

①孫晋泰　一九三〇年　一九〜二九頁（一九二四年七月に、慶尚南道釜山府佐川洞で金升泰に聞く）

【話型構成】

I．（1）むかし雷と稲妻のために人も獣も農作物もよく被害を受けた。（2）高麗朝の姜邯賛が便所で用を足しているとき雷が鳴るので、両手でそれを摑んで折ってし

まった。(3)それ以来、その威力は少なくなった。

【解説】

高麗時代に鴨緑江を渡って侵入してきた契丹を撃破したことで知られる英雄姜邯賛には、狐と人との間に生まれたと言われ(KT208)、虎や九尾の狐を退治する(KT133)など、さまざまの逸話があります。この雷と稲妻の話もその一つです。

雷と稲妻は、ローマ神話のユピテル、ゲルマン神話のトール、インド・ヒンドゥーのインドラ、中国の雷公など、世界各地の神の威力の源として知られています。農民には欠かすことの出来ない雨をもたらすことから、雷と稲妻は信仰の対象ともなりましたが、一撃で家も木もなぎ倒し焼き払うことから畏怖の対象ともなり、姜邯賛のように雷と戦って従えた英雄の話も伝えられます。たとえば中国には、唐代の英雄陳鸞鳳が農民の祈雨(きう)の願い(雨乞(あまご)い)に答えない雷神に怒ってその廟を燃やし、現れた雷神に切りつけて雨を呼んだという話があります。また、日本にも、戦国時代の軍師立花道雪が、自らを襲った雷を切った名刀「雷切」の話や、新潟県の弥彦神社や福井県のあわら神社の神が雷を諌めた話などさまざまの語りが残されています。

韓国にはまた、雷神＝火の神という信仰も存在し、特に済州島では、火徳将軍という火の神が罪を犯した家に火を放つと伝えられています。火徳将軍は、かつて天界にあった時に、罪のない女児を雷によって死に至らしめたために天帝の怒りをかって雷を落とす力を奪われ、地上に落とされて罪のある家に火を放つようになったとされています。

【樋口】

671 ＊天動地静

KT 731 天は動いて

天は動くが、地は動かない。人間だって、上の男は動くが、下になる女は動かないではないか。

（孫晋泰 一九三〇）

【文献資料】

①孫晋泰 一九三〇年 四～五頁（一九二三年八月三日に慶尚北道漆谷郡倭館で金永奭に聞く）

【話型構成】

Ⅰ．（1）天は動くけれども地は動かない。（2）人間も上の男は動くけれども下の女は動かない。

【解説】

これは、金永奭老人が語る素朴な天動説です。孫晋泰は、この話に対して「雷のゴロゴロと鳴るのを朝鮮では天動という」という注を付けています。「天と地が相接し、天と地は遠く離れ、人間や生物が誕生しても、天は男のように雷を鳴らして動き、地は女のように静止している」という農民の宇宙観を語る話です。 【樋口】

672 ＊山や川

KT 732 山川の由来

大むかしのこと、天上の国のお姫さまが、指輪をどこかへなくしました。天上の国を残らず探しましたが、なくした指輪は出てきません。

お姫さまがシクシク泣いておりますと、天上の国の王さまがいいました。

「きっとそれは下界へ落したにちがいない。だれかいって探してまいれ」

そこで、王さまの家来のひとりが、はるばる人間の世界まで、指輪を探しにおりてきました。さて、おりてはきましたが、なにしろ大むかしのことです。まだ人間の世界はできたばかりで、どこもかしこも一面の泥沼でした。どこに指輪が落ちたのか、見当もつきません。

王さまの家来は、かまわず泥の中に手をつっこんで、あちこち探しまわりました。

なかなか指輪は出てきません。あっちの泥をかきまわし、こっちの泥をつかみあげ、それでもやっとのことで、お姫さまの指輪を探しだすことができました。

そのとき、泥をすくいあげたところが海になりました。

その泥を、捨てたところが山になりました。手のひらでなでたところは、平らな野原になり、指で、かきまわしたあとが川になりました。

（金素雲　一九五三）

Ⅲ．その時、泥を掘り起こしたところが海になり、泥を積んだところが山になり、手でこすったところが平野になり、指で引っ掻いたところが川になった。

【解説】

これは金素雲（一九〇七～八一）が『ネギをうえた人 朝鮮民話選』（一九五三）に収めた話です。一九〇七年に生まれた金素雲は幼くして父を失い、一九二〇年に日本に渡り苦学しながら日本在住の朝鮮人労働者から民謡の聞き取りを行い、その類まれな詩的才能を北原白秋に認められ、わずか二二歳で『朝鮮民謡集』（一九二九）を刊行します。七歳年上の孫晋泰が一九二八年に刊行した『朝鮮古歌謡集』とともに、朝鮮民衆文化の神髄を初めて伝える画期的な業績であると思われます。『朝鮮民謡集』は美しい日本語に移されていますが、金素雲はその後も

【文献資料】

①金素雲　一九五三年　九～一〇頁

②孫晋泰　一九三〇年　二〇～二二頁（一九二四年七月に、慶尚南道泗川郡で曺在浩に聞く）

③朴英晩　一九四〇年　二五一～五二頁（一九三五年に慶尚北道大邱で記録）

④任東権　一九七二年　八三～八四頁（＊『韓国の民話』熊谷治訳　五七～五八頁）

⑤崔仁鶴　一九七四年　二九四頁（一九六〇年に、慶尚北道金泉市で林鳳順〔五〇歳〕に聞く）

【話型構成】

Ⅰ．天の国の王女が指輪を地上に落とした。

Ⅱ．王様が力のある将軍を地上に派遣して、指輪を探させた。

民謡調査を進め、一九三三年に『諺文朝鮮口伝民謡集』という大部の韓国語資料を土田杏村や新村出の支援で刊行しています。

釜山生まれで、ともに幼くして親を失って苦学した金素雲と孫晋泰は、親しい間柄ではありましたが、対照的な人生を歩むことになりました。アカデミックな世界で業績を重ねた孫晋泰は一九三四年に帰国し、社会的な地位を確立しましたが、文筆に生きた金素雲は、解放後は親日派の烙印のもとに、厳しい人生を生きることになったのです。

ここに紹介した話は、孫晋泰が啬在浩から聞き取った話の再話ですが、金素雲の詩的な才能が遺憾なく発揮され、世界でも稀な美しい創世神話となっています。

【樋口】

673 ＊朝鮮山川の由来

KT 733.1 巨人と山川

むかし、一人の巨人がいた。彼はどのくらい大きかったかは判らないが、何しろ耳の長さが三十丈もあったという話だ。彼の一生の願いは、一度でもよいから衣服をきてみたいということであった。彼は常に、葛や木の葉をとって僅かに陰部だけをかくしていた。時の国王（檀君以前の王）に哀願したところが、王も彼に同情し、一年間の三南（忠清・慶尚・全羅）の貢布全部を彼に与えた。彼はその貢布で生まれてはじめての衣服をととのえることができた。しかし、それでも衽（えり）だけが足りなかった、が、彼は無上によろこんだ。そして聞慶（慶北）の鳥嶺の絶頂にのぼって思う存分舞ってみた。

ところが、彼の衣物に覆われて三南の地はみな曇天になり穀物は少しもできなかったので、百姓たちは国王にその由を訴えた。国王はやむを得ず、彼を国境外に流した。彼は今の満州の地に追い出された。そこで彼は食物を探したが、あろう筈はなかった。彼は飢えのため致しかたなしに広野の土を無茶苦茶にむさぼり喰った。すると今度は喉が乾いて仕方がないので、海の水を腹にまかせて飲んだ。やが

て下痢が始まった。ちょうど今の白頭山のある辺で排泄したのであった。その排泄物は喰った土そのものであったので、排泄器のすぐ下には土が一番高くつもり、それより流れたものはあるいは高くあるいは低くつもった。それらが今の朝鮮の山々となったのである。

　そうして白頭山は諸山のうち一番高くそびえているのである。また、大便のほかに小便も一緒に出たので、一筋の小便は流れて鴨緑江となり、他の一筋は流れて豆満江になった。そしてそれらの支流もできた。江がその源を山に発しているのはこれがためである。

（孫晋泰　一九三〇）

【文献資料】

①孫晋泰　一九三〇年　二一～二二頁（一九二三年八月に、慶尚北道達城郡月背面上仁洞で尹喜炳に聞く）

②鄭寅燮　一九二七年　八～一〇頁（一九二五年に、ソウルで方定煥に聞く）

【話型構成】

Ⅰ．（1）昔ある巨人が王様に頼んで服をこしらえて貰った。（2）彼はあまりにも嬉しくて聞慶の鳥嶺に立っていた。（3）すると南の全土が陰になり凶作になったので王様に訴えた。（4）王様は巨人を満州に追いはらった。彼は食べるものがなく、土を食べたので下痢になった。（5）そのときの下痢が山と石になり、小便が今の鴨緑江と豆満江になった。

【解説】

　これは一九二三年八月に孫晋泰が慶尚北道達城郡月背面上仁洞で尹喜炳に聞いた話ですが、鄭寅燮もこれとほとんど同じ話を一九二七年にソウルで方定煥から聞いていますから、韓国では大変よく知られた話であろうと思われます。

　天地創造の神話は世界各地に見られますが、創造後の世界に巨人が現れて、大きな山や川を造る話も各地に見られます。これは、中国の盤古のような巨人が死んだ後

にその体が山や島となったという「死体化生」型と、巨人が仕事を請け負ったり、足跡を残したり、用便をしたりして、現在の地形を作ったとする「地形創造」型の二つに分かれると考えてよいでしょう。

韓国の話はもちろん「地形創造」型ですが、これと同じタイプの話が、日本各地にダイダラボッチ伝説として知られています。ダイダラボッチという巨人が土を運んで富士山や浅間山などの山を作り、その後が盆地や湖になったというのです。また沖縄には、アマンチュを初めとする巨人が山や川を造ったという話が伝えられていますが、これもまた「地形創造」型の話です。

中国でも、巨人が大地を二次的に造成したという話は非常に広く伝わっていますが、それは担いできた山を落とすという伝承が多く、巨人の排泄物が大地の造成に関わる例はあまりありません。ただ浙江省の杭州市には天上から降下した巨女の尿が河になり、尿が押し流した土が山に、座った窪みが東海になったという伝承がありま す。

【斧原・樋口】

674 ものすごい巨人

KT 733.2 巨人と山川

江原道江陵で、一人の赤ん坊が生まれた。この子は生まれてすぐオンドルの焚口の近いところでご飯を食べ、オンドルの焚口から遠いところでうんちをした。母親は近所の長者の家に行って穀物をつく仕事をして稼ぐのに、この子は何もせずに一日三食食べるだけ。食べることだけが仕事だった。

いつの間にか十歳を過ぎると、さすがに母親も頭にきた。「おい、お前にも多少は遠慮というものがあるだろう。母さんも、もう年を取ったのに、外に出て、ちょっと仕事もおぼえて働いたらどうだ」

「分かっていますよ。着るものさえあれば、私も外に出ますよ」

そういえば、そうだ。しかし、この子の体は、とてつもなく大きかった。母親は、自分ではパジ（ズボン）一つ作ってやる力もないので、江陵の郡守に訴えた。

江陵の郡守は、国に奏上し、全国から納められた麻布という麻布、綿という綿はすべてかき集めて、江陵に送らせた。江陵では郡内の女たちを総動員して、その布をつなぎ合わせて、何ヵ月もかけてパジを一つこしらえると、布はもう残っていなかった。若者は、生まれて初めて服というものを手に入れ

て、身につけると前を覆い、お国のおかげだということで、ソウルに「ありがとうございます」とお礼の言葉を申し上げに行こうとするが、足を動かして地面を踏むと、途中の村が崩れそうで困ってしまった。

そこで、立ち上がって体を曲げてソウルに向かって挨拶でもしようかと腰を曲げると、これまた大変なことになった。ソウルでは雲一つないのに、あたりがいきなり真暗になった。観象監（天文地理などを司る官吏）に聞いても日食ではないという。そこでよくみると、目と鼻と口の間が何十里もある途轍もなく大きな顔があり、その目が光って背筋に鳥肌が立ちそうだ。

それでも王は、この上なく尊い方だ。王の威厳を保ち、側近に尋ねた。「あれは何者だ」「この前、全国の布を集めて服を作らせて着させた、江陵のあの男でございます」

「なんと、無礼な奴だ。使いを送って、あいつの尻を叩け」

そこで壮健な青年将校が一人選ばれて、その男の首に縄をかけてよじ登り、千里の道も駆け抜ける名馬に乗り、首から背中を走って、どのくらい行ったことだろう。孫の代までかかって辛うじて尻に到着し、むちを高く挙げて、尻を一回こつんと叩いたそうだ。

（李勳鍾　一九六九）

【文献資料】

①李勳鍾　一九六九年　二〇〇頁（一九四〇年に江原道三陟で記録）

②任晳宰　一九七五年　第三巻　五四～五六頁

【話型構成】

I.（1）江原道のある女が巨人を産んだ。（2）彼は王様に訴え、服をこしらえて貰った。（3）彼は王様に挨拶に行った。いくつかの村が彼の足に踏みつぶされた。彼が腰を曲げると都が陰になった。（4）王様は将軍を派遣して彼の尻を打つことにした。将軍は彼の所に行ってはしごをかけてあがって行ったが、とても背が高いのでやっと将軍の孫の代になって尻を一度打つことができた。

【古典文献】

『三国遺事』巻一　天賜王帯条

【解説】

これも巨人伝説の一つですが、三つのエピソードからできています。一つは食べれば食べるほど育つ異常成長で、このタイプの主人公には怠け者が少なくありません。日本の「桃太郎」にも「寝てばかりいて、ある日むっくり起き上がって手柄を立てる」型の主人公が登場しますが、韓国のこの話の主人公も異常成長・怠け者型の大男です。

二つ目は、「主人公が大きすぎて着物を作るのに布地が足りない」というＫＴ７３３・１「巨人と山川」に通じるエピソードです。

三つ目は、「主人公が大きすぎて、その首から尻に達するまでに孫の代までかかった」という誇張譚的なエピソードです。

神話と昔話の関係を考える上で、たいへん興味深い話です。

【樋口】

675 ＊地震の理由

KT 734 地震の由来

大むかし、天の一方が傾いたことがあった。天の神は大きな銅の柱でその傾いた方を支えようとした。しかるに、地は空間の中に懸っているので、その柱の重さのため、ずんずん下へさがり、柱の根を地上にさしこむことができなかった。そこで天の神は、天下で一番大きく一番強い将軍に命じて、地の下より肩で地を支えしめた後、柱をたてた。

その将軍は今でも肩で地を支えているが、支えている肩がいたくなると時々その肩を換えることがある。そのつど地がゆるぎ地震となるのである。

むかしは、非常に地震が多かった。しかし今は少ない。

そのわけは、たとえば荷物を担ぐにしても、初めのうちは肩慣れのしないために、しょっちゅう肩を換えなくちゃならないが、慣れるに従ってその度合いが遅くなる。それと同様に、将軍も今はだいぶ肩がなれているものと思われる。

（孫晋泰　一九三〇）

【文献資料】

①孫晋泰　一九三〇年　二二～二三頁（一九二三年十月に、慶尚北道達城郡月背面上仁洞で尹喜炳に聞く）
②崔仁鶴　一九七四年　二九五頁
③金素雲　一九五三年　一一～一二頁
④李相魯　一九六二年　二二七～二二九頁

【話型構成】

Ⅰ．（1）大昔、天の片方が傾いて倒れそうになった。（2）王様が力士に命じ肩で天を支えさせた。（3）しかし力士は肩が痛くなると肩を替えるので、そのたびに地が若干動いた。それが地震である。

【解説】

神話の中の地震には、「ヨハネ黙示録」のような「神の怒りによる破壊的な地震」もありますが、圧倒的に多いのは地震を司る神や巨人や動物の動きが引き起こす地震です。例えば、北欧神話ではロキ神が苦しみに身を捩ると地震が起きます。古代シュメールでは天の牛グアンナが嵐と地震を引き起こします。インドでは世界蛇アナンタのあくびが地震の原因です。日本本土ではナマズ、沖縄では大ウナギが動くと地震になります。

孫晋泰が慶尚北道達城郡で尹喜炳に聞いた話も、こうした話の仲間ですが、力士が世界を支えている点が大切だと思われます。地震が神や動物の動きで起こるという由来譚の基層には、「私たちの住む世界が、大きな神や巨人や動物の上に乗っている」という人類の原初的な世界観が潜んでいます。ナマズも、ウナギも、天の牛も蛇も、ロキ神も、かつて世界の中心で世界を支えていた動物や神であると考えられます。

中国に伝わる地震神話では地中の巨亀または巨魚、巨牛が動くことになっている場合がほとんどです。ただ浙江省文成県では、地蔵王が大地をその肩に担いでおり、毎年七月二十九日に大地を担いでいる肩を替えるために地震が起こると伝えています。

なおチベット自治区の東南部に住むロッパ族では、自らの身体を大地に化成した神を祀りますが、人々が祭祀を忘れると神は怒って身体を揺すり、このため地震が起きるといいます。

【斧原・樋口】

676 ＊出潮・退潮・津波の理由

KT 735　干満と津波の由来

海の中には非常に大きな鯰がいる。それは海の底の大きい穴にすんでいて、その穴から出ると、海の水が穴へ入るので退き潮となり、反対に、それが穴に入ると、穴の水が出るので出潮（でしお＝満潮）になる。そして時々あばれだすと海が荒れて津波になる。

（孫晋泰　一九三〇）

【文献資料】

①孫晋泰　一九三〇年　二三～二四頁（一九二三年十月十二日に、慶尚北道達城郡月背面上仁洞で鄭常和に聞く）

②任東権　一九七二年　八五頁（＊『韓国の民話』熊谷治訳　五八～五九頁）

【話型構成】

Ⅰ．海の底には、大きな穴があり、その穴の中には、大きなナマズがいる。

Ⅱ．ところが、そのナマズがその穴から出てくれば、海の水が穴の中に入り、引潮になり、反対に入れば、満潮になる。

Ⅲ．時々ナマズがもがくのだが、この時、海が荒れて津波が起きる。

【ヴァリアント】

I. 海の底に大蛇（竜イムギ）がいる②。

【古典文献】

中国　晋　周處『風土記』（太平御覧　巻六八　地部潮條所引）
　　　『太平廣記』巻四六四　水族類　海鰌條

韓　李太湖編著『耽羅志』（一六五三）五六長　題永條

唐　劉恂『嶺表録異』

宋　洪邁『夷堅志』（函芬樓版）志　巻十六　海中紅旗條

【解説】

地震と同じく、潮の満ち引きも海底に棲む巨大なナマズやイムギの動きで起こるという神話です。このナマズやイムギが、時として暴れると津波や嵐になるというのです。ここでイムギというのは、天に上り龍になるのを待つ伝説の大蛇です。

日本でも、ナマズが地震を引き起こすとして恐れられ、江戸時代には「鯰絵」が多く描かれました。しかし、孫晋泰はこの話の注で「鯰は朝鮮語でミヨキあるいはミコジといわれ、どじょうの形をしたものとされている」と書いているので、韓国のナマズは鯰絵に見られるような日本のナマズとは少し違うかもしれません。【樋口】

677 ＊家の神と土地の神

KT 736 家神と地神

むかし、天の王国を強風が襲い、皇宮が完全に破壊されてしまった。それで、天の王国の王は新たな宮殿を建てるため、経験豊かな腕のいい大工を熱心に探し求めた。その時、朝鮮の晃山園（地上世界）にそのような腕のいい大工がいるという噂が王まで伝わった。王はただちに使臣をその平野に送り、黄羽陽という大工を連れてくるよう命じた。

黄羽陽は妻と平穏で幸せに暮らしていた。ところがある日、天の国の使臣が彼の所にやって来て、天の王（玉帝）からの公式命令を手渡した。

「しかし、今の私には道具がありません。道具がなくては家を建てることはできないではないですか。道具を準備するのに三ヵ月ほど時間がかかります」。黄羽陽はその使臣に言った。しかし、使臣は彼に三日間だけ時間を与え、帰ってしまった。黄はとても心配になって食欲もなくなり、何も食べられず、どうしたらいいのかわからず、とうとう寝込んでしまった。

彼の妻はいったい何があったのかを夫に尋ねた。彼はありのままのことを妻に話すと、妻はこう言っ

た。「何も心配しないでください」

妻は夫を部屋に残したまま外に出て、自分たちが置かれている苦境を白い紙に書き、その白い紙を燃やして天に苦境を訴えた。すると、そこに鉄の粉、真鍮の粉、鉄屑がたくさん降ってきた。妻はすぐ炉を作ってそれを溶かし、斧、手斧、鉋（かんな）、尺度等、大工が必要とする道具をすべて作った。それから、夫が春夏秋冬、季節ごとに着る服を準備した。そして、妻は道具の入った包みと服の入った風呂敷をロバの背に積んだ。

妻が部屋に戻ると夫を起こした。夫はみな見事に準備されているのを見て、驚かないわけにはいかなかった。夫がまさに旅立とうとする時、妻は夫に言った。「天の国に行く途中、誰かが話し掛けても、決してそれに答えてはなりません。もし、そうしないと、あなたは愛する妻を失うことになります」。黄羽陽は「心配するな。その言葉を肝に銘じておこう」。そして夫は妻の元から旅立ち、天の王国に向かいロバを走らせた。

しばらくすると、夫は沼津園（沼津郎の支配する土地）を通りかかった。その時、誰かが彼を呼ぶ声が聞こえた。その人は全身疥癬だらけの馬のしみのついた鞍の上に座って道を行く沼津郎という者だった。しかし、黄は答えず、ひたすら進んだ。すると沼津郎は黄について歩き、何度も尋ねた。「お前は誰なのか。お前は誰なのか。俺が聞いているのに、お前は答えないのか」

しかし、黄は黙り通した。すると沼津郎は激しくののしりはじめた。「この親知らずの不届き者が」。黄はこれ以上、我慢できなくなり、「旅人に向かって喧嘩を売るのか。このならず者」。こうして彼らは話をしはじめた。

彼らは互いに挨拶を交わした。沼津郎は黄羽陽の運勢をみてやると言って、「お前には大きな災いが待っている。お前は目的地までは到達するであろうが、帰ってこられないだろう」と言った。「では、どうすればいいのか」と黄が尋ねると、「私とお前が服を交換すれば、災難は逃れられるだろう」と沼津郎は答えた。

こうして彼らは、互いに衣服を交換した。そして黄羽陽は天の国に行き、沼津郎は地上で一番美しい女だと聞いた黄の妻に会いに晃山園に下りていった。

黄羽陽の妻は、その時、家の裏山で下女たちを引き連れて花見をしていた。すると突然、ある男が馬に乗って自分の方に近づいてくるのが見えた。黄の妻は夫に何かが生じたことをすぐに察した。そして妻は急いで家にもどり、下女たちに大門を閉めて鍵をかけ誰が来ても開けないように指示をした。

まもなく、大門を叩く音がした。それはまさに沼津郎だった。そして沼津郎は、「主人が帰ってきたのに、どうして大門に鍵を掛けておくのだ」と言った。

黄の妻は、「いや、あなたは私の夫であるはずがない。夫はおととい出かけました。どうしてそんなに早く帰って来られるのですか。だから、お帰りください」と答えた。

沼津郎はしばらく考えていたが、上着のチョゴリを脱いで垣根越しに投げ込んで言った。「この服をよく見て、早く門を開けなさい」。妻は「それは夫の服に間違いないが、汗の臭いは夫の臭いではない。時間の無駄遣いをしないで、早くお帰りなさい」と答えた。

沼津郎は腹を立てて、「鬼神たちよ、鬼神たちよ」とまじないを唱えた。すると、固く閉まっていた大門が音もなく開いた。彼は剣を持って部屋へ走って行き、もう一方の手で妻の服をつかみながら大

声を張り上げた。「お前はとても聡明かもしれないが、もう俺から逃れることはできないだろう」妻はとっさにこう言った。「新たな新郎であるあなたはやさしいかもしれないが、そのためにむかしの夫を完全に忘れることはできないでしょう。今日はまさに義父の命日なので、私があなたと寝る前に、亡くなった方の法事をさせてください」

そして法事を行った後、妻はまた言った。「私をあなたの家に連れて行ってください。『妻の家で暮らす男の暮らしは不自由だが、夫の家で暮らす妻の暮らしは大臣のような暮らしぶり』と言うではないですか」

沼津郎はその言葉を聞いて喜んだ。それで、即座にそうすることにした。黄の妻はこっそりとチョゴリを脱いでその上に「もし、あなたが死んで帰ってきたなら黄泉の国でお会いしましょう。しかし、もし生きて帰ってきたなら、沼津園へ来てください」と血書した。彼女はそのチョゴリを柱の礎石の下に隠して、沼津郎について沼津園へ行った。

沼津園に到着すると、妻はまた一つ知恵を思いついて言った。「私は以前、占ってもらったことがあるのですが、その占い師は私の身体に七つの悪鬼が宿っていると言っていました。だから、私と一緒に暮らす人は誰でも滅ぼされるそうです。占い師はまた、そういう凶運を防ぐためには、その人は満三年の間、犬糞畑の穴で暮らし、その穴に差し入れされる食物を食さなければならないそうです」

沼津郎は彼に迫りくる凶運に怯えた。彼は犬糞畑の穴で暮らすことにした。

こうして黄の妻は、一人で夫が帰ってくるのを待つことができた。

その間、天の王国で宮殿を建てていた黄羽陽は不思議な夢を見た。それで、彼は占いをしてもらっ

た。すると占師は、「あなたの家は蓬畑になり、あなたの妻はほかの男の所に連れ去られたようだ。急いで家に帰って、いったい何が起こったのか見てきなさい」と告げた。

黄はその占いの卦を聞いて、これ以上我慢できなかった。彼は一年かかる仕事を一ヵ月で終え、天の王国を離れ、急いで帰って行った。そして、帰ってみると家はなく、家があった所には蓬が生い茂り、人影もない。彼はとても驚いて、途方にくれ、天を仰いで号泣した。そして疲れ切って礎を枕にして寝ようとすると、一羽のカラスが彼の上へ飛んできて「石の下に手紙」と鳴いた。黄はおかしいと思い、立ち上がって礎の下を見てみると、そこに彼の妻のチョゴリがあった。彼はそれを取り出して、チョゴリに書かれている血書を見ると、すぐに沼津園へ急ぎ、井戸端の松に上り、彼の妻が来るのを待った。

その頃、黄の妻も夫の夢を見たので、夫が帰ってくるだろうと察知して、水を汲みに井戸に行った。そして井戸の中をのぞくと、水の上に照らされて映った夫の姿が見えた。

「もし、あなたが死んで帰ってきたのなら、泣いて下り、生きているなら笑って下りてきてください」と妻が言うと、夫は笑いながら木から下りてきて言った。「恥ずかしくないのか。今やお前は他の男の女ではないか。もう少し待てなかったのか」

妻は「あなたが家を立つ時に私が言った言葉を守らなかったので、私はこの苦境に追い込まれたのです。しかし心配しないでください。私はあの悪漢とは何の関係もありません。もう一度、私たちが一緒に暮らすためには、家に帰る前にあの悪漢に復讐をしなければなりません」と言った。

黄羽陽は魔術を使って青い鳥に変身し、妻の袖の下に隠れて沼津郎のところに行った。そして沼津郎の頭の皮を釘抜きで引っ張って踵に引き付け、こん棒で彼を叩いた。沼津郎は「私は犬糞畑に穴を掘っ

て、三年もの間、穴の中にいただけだ」と命乞いをした。

黄は「お前がやったことは死に値するが、お前は王の子孫だから命だけは助けてやろう。その代わり、お前を石函に閉じ込めて水を飲めないようにしてやる」と言うと、沼津郎を石函に入れたので、彼の子孫は村の城隍壇の神として、以後、村の人々が吐いた唾でのどの渇きを癒すことになった。

それだけでなく、黄は沼津郎の家畜を追いはらって野生動物とし、猟師に追われて殺される運命とした。

復讐をした後、黄と妻は晃山園（自分たちの土地）へ戻って行った。しかし、彼らには寝る所がなかったので、背の高い植物を編み結んで妻のチマに被せて、一夜を過ごした。

それから黄と妻は末長く幸せに暮らし、ついには、夫の黄羽陽はその家の神（成造）となり、妻は土地の神（地神）になって、すべての人から崇拝を受けた。

（張徳順ほか　一九七〇）

【話型構成】

Ⅰ．大工の黄羽陽が天に昇る。（1）ある日強風のため天上の宮殿が壊されたので、立派な大工を求めた。（2）黄羽陽に天からの使者がきて三日以内に出発しろという。（3）黄の妻は夫を見送りながら、途中でどんな声が聞こえても後をふりむかないよう頼んだ。

Ⅱ．黄の破約と妻の知恵。（1）天に昇る途中で沼津郎に

【文献資料】

①張徳順ほか　一九七〇年　七四～八〇頁

②孫晋泰　一九三〇年A　七九～一七六頁（一九二五年十二月に、慶尚南道東莱郡亀浦面亀浦里の崔順道が報告）

③秋葉隆・赤松智城　一九三七年　上巻二〇三～二一二頁（秋葉隆が京畿道高陽郡龍仁面阿峴里で李姓女から聞く）

会い、彼から話を聞いた。(2)沼津郎は黄の服に着替え、黄の妻のところに行った。(3) 黄の妻は知恵を働かせ、沼津郎の要求を延ばした。

Ⅲ. 黄の帰宅と仇討。(1) 彼は天上の仕事を急いで済ませ、帰宅した。(2) 鳥の協力で妻の居場所を知り、駆けつけた。(3) ついに黄は家の守護神になり、彼の妻は地神になって村人の信仰の対象になった。

【解説】

これは、秋葉隆が京畿道高陽郡龍仁面阿峴里で李姓女から聞き、『朝鮮巫俗の研究・上』(一九三七年) に収めた「成造本歌」を、張徳順等が再話したもので、「家の神・成造が如何にして家の神となったか」を語る神の由来譚(本解[ボンプリ]) です。

韓国の伝統家屋には、さまざまの家の神が祀られていますが、中でも成造は中心的な家の神で、丁寧な家では家を建てた時をはじめ、時を決めて「安宅儀礼」を行い、シャーマンを招いて成造の由来を説く巫歌を歌い、神を降ろして祭りを行います。

成造を祀る巫歌は地域や祭りの性格によってさまざまですが、とくに孫晋泰が故郷の慶尚南道東莱郡亀浦面亀浦里の盲僧のシャーマン・崔順道から伝えられた「成造神歌」は、韓国の巫歌研究の第一歩を示す歌としてよく知られ、なかでも主人公の成造が「離島に流され、苦難の末に帰還して神となる」ところから、日本の「百合若大臣」(大成本格新36) との比較研究が注目されています。

韓国の伝統的宇宙観によれば、世界は天帝の支配する天上、人の住む地上、そして盗賊や鬼神の支配する地下の三層構造とされ、この話では黄羽陽とその妻が住む地上界が晃山園、沼津郎の支配する地下世界が沼津園と呼ばれています。

【話型比較】 Eberhard 110

678＊西帰浦の守護神

KT 737 西帰浦の守護神

大むかし、ソルメ国から印文官・パランウン（風の上様）というとても威厳のある神が天から降臨した。その神には不死鳥の目と先がとがった顎鬚（あごひげ）があった。彼は天文学と地理学に長けていた。彼が一度、弓を打つと、三千もの軍隊がすぐさま立ち上がり、もう一つの矢を打つと、彼らは即座に消え去った。

印文官（パランウン）は、高山國という美しい女神があの山を越え、海を越え、遠く離れている紅島という国で暮らしているという噂を聞いた。印文官はすぐに青雲に乗り、あっという間にその国に到着した。行ってみると、美しい女神がその国で暮らしていた。彼は彼女に言った。「私はあなたにとても会いたくて、遠い所からここまでやって来ました」。女神が答えた。「私は昨晩、不思議な夢を見たのですが、やっとその夢の意味がわかりました。あなたにお会いできてうれしいです」。こうして彼らは夫婦になり、一緒に暮らし始めた。

それから三日目、印文官神の前にまた他の美しい女神が現れた。彼女は妻の妹で、地上で一番美しい女人だった。印文官神は彼女に一目ぼれし、彼女もやはり彼と恋に落ちた。

ある夜、彼らは人目を避けて互いに愛の告白をした。そうして、彼らはすぐ一緒に逃避することにした。その日の夜、高三國が眠りについた時、彼らは青雲に乗って済州島の漢拏山へ逃げていった。

次の日の朝、高三國が目を覚ましてみると、夫は隣にいなかった。彼女はあたりを探してみたが、夫の影も見えなかった。彼女は夫と妹の関係に気づき、彼らがいる所を見つけてすぐさま旅立った。

高三國も天文学と地理学に長けており、また魔術を使うこともできた。天に祈りを捧げた後、彼女は神旗（神々しい旗）を立てると、その旗が漢拏山に向かって三度、風にはためいた。彼女が漢拏山に到達すると、そこで印文官と妹が仲睦まじく暮らしているのを目撃した。その様子を見て彼女は激怒し、彼ら二人がその場で死ぬのを望んだ。

すぐに彼女は彼らに弓を射た。しかし、妹もじっとしてはいなかった。妹が辺り一面を濃い霧で覆わせると、急に天と地は真っ暗になった。高三國はどこがどこだか全く見分けもつかなくなった。彼女は息が詰まりそうな濃い霧をはらってほしいと天に祈りを捧げ、また祈りを捧げた。しかし、妹の魔術の方がより強力で、ついに高三國は妹に屈服してしまった。

高三國は妹に言った。「私はお前に矢を射たが、どうしてお前を殺そうなどとするものか。たとえ私がお前の死を望んだとしても、どうして許されない罪を犯したお前が、あのような息の詰まる霧で私を縛り上げることができようか。これからは互いに傷つけないようにすると約束しよう。さあ、早く霧を消してくれ」

印文官はこれを聞くと、ネズの木の枝を折って、絶壁の方へ突き刺した。木の枝は大きな雄鶏に変身して鳴いた。すると、霧は晴れ始めた。夜になると美しい月が東にある山の峰の向こうへ浮かび、地上

にやさしい光を照らした。

やっと高三國は月の光で妹と印文官の顔を見ることができた。彼女は不機嫌な声で言った。「始めは誰も私の鬱憤を収めることはできないと思っていた。その時、私は薪を割るように割られて当然なこの女と、そして獣にも劣るこの文官めと、お前ら二人を殺してしまうこともできたが、どうしてもそうすることができなかった。この浮気ものの女め、お前はもう金輪際、私の妹ではない。だから、お前は姓を池に変えろ。これから私は自分の道を行く」。こう言い終えると、高三國は彼らの元から旅立った。

印文官と池三國はしばらくの間、漢拏山の辺りをさすらっていた。彼らは落ち着く場所を求めたが、ふさわしい所を探すことができなかった。彼らは山の高台で白い日傘を差して、その下に座って休んでいた。すると、その時、狩りにやって来た男が日傘を見て、それが聖人（神々しい存在）の兆しだということに気づいた。

彼は神々の方に近づいて行ってお辞儀をし、彼らは誰なのかを尋ねた。印文官は答えた。「私はソルメ国の地から降臨してきた印文官、バラムウンで、この女人は池三國という女人なのだが、紅島の方からやって来た。玉皇上帝の命を受けて私たちは人間を治めにやってきたのだ。さあ、お前たちの世の中を案内しなさい」

猟師は彼らを自分の家へ案内し、付近に小さな家を建てて彼らが暮らすことになった。しかし、望みの高い指導者たちから見れば、彼らはふさわしくない者なので、三ヵ月後にその家を発った。

彼らは高三國の所に行き、落ち着くのに適した所はどこかと尋ねた。高三國は相変わらず腹を立てて言った。

「私はこの西烘里を治めるから、お前たちは望むなら西帰浦へお行きなさい。しかし、あなたの民と私の民とは決して結婚してはならず、お前たちも私の土地の境界を一歩たりとも越えてはならない」

そう言うと、高三國は彼らの元から遠く旅立った。

こうして、印文官と池三國は西帰浦へ向かった。しかし村の人々は彼らが誰であるか理解していなかった。

ある日、呉氏の家の孫が病気にかかったので、印文官と池三國に伺いをたてた。印文官は村の人々が自分たちをちゃんと祀っていなかったので子供が病気にかかったのだと言った。そこで村の人々はすぐ祠堂を作って彼らを祀った。

今までその村は天の玉帝の皇后である女神によって統治されてきたが、ある日、女神は印文官の所へやって来て言った。「私はもう衰えた。だからここはあなたが引き受けて統治してください。私は龍宮へ行って船や海女たちの面倒をみようと思います」

こうして、印文官と池三國は西帰浦の守護神になった。

（張徳順ほか　一九七〇）

【文献資料】

①張徳順ほか　一九七〇年　九三～九六頁

②張籌根　一九七四年『韓国の民間信仰・資料編』「西帰里本郷本解」五一～五四頁（一九七〇年十一月に、済州島西帰邑西帰里で朴生玉（六三歳・男）に聞く）

【話型構成】

Ⅰ．（1）ソルメ国に印文官パラムウンと呼ばれる天文地理学にも通じている魔法使いがいた。（2）彼は高三國という美神がいると聞いてそこにかけつけ、彼女と結婚する。（3）まもなく印文官は妻の妹に惚れ、彼女を連れて

済州島の漢拏山に逃げる。(4) 追いかけてきた高三國女神は矢を射る。しかし、妹は霧を起こし、矢はあたらない。(5) 高三國は夫の印文官を呪い、妹の姓を「池」に変えさせ離れて行く。(6) その後、印文官と池三國は西帰浦に定着することになり、守護神になる。

【解説】

これは、張籌根が、一九七〇年十一月に済州島西帰邑西帰里で朴生玉に聞いた「西帰里本郷本解」を張徳順等が再話したものです。韓国各地のシャーマンは、祭祀にあたって天地開闢の神話や、天地の神、病の神、家の神など様々な神の由来を説き、神を降ろしますが、とくに済州島では各地域の神である堂神の由来を説く「堂神本解（タンシンボンプリ）」が多く残されています。

この「西帰浦の守護神」は、現在の西帰浦市の中心であった西帰浦洞の堂神が如何にして生まれ、隣接する西烘洞との境界がいかにして定まったかを語ります。その時以来、西帰浦洞の堂神は印文官と池三國、西烘洞の堂神は高三國であり、互いの神の争いの結果、両洞の洞民は通婚することなく、交流することがなくなったとされています。

天地や人類の創造、あるいは死の起源などを語る一般の神話とは内容も規模も違いますが、隣接する二つの共同体の関係とその由来をきわめて具体的に語る興味深い神話です。

【樋口】

679 ＊天下大将軍

KT 738 チャンスンの由来

むかし、某(なにがし)という王の時に、大臣に張(チャン)某という者があった。一時、張の権勢は飛ぶ鳥を落とす勢いであったが、讒言(ざんげん)で官位を失ったから、都住まいもできず、田舎に引っ込んでいた。なれぬ荒仕事にわびしく暮らしていたが、泣き面に蜂とやら、その身の病気に苦しむ間に、妻はちょっとした病がもとで死んだから、ただ一人の娘を相手に細い煙をたて、天運のめぐり来るのを待っていた。

そのうち娘はだんだん年頃になったが、天のなせる麗質は、その心のやさしく賢きに、いっそう人目をひいた。しかるに如何なる前世の宿縁であろうか、この父は現在のわが娘の容色に思いを寄せて一人心を苦しめていた。さりとてまた、この事を口に出すこともできず、常にふさいでばかりいたが、ついには病の床にふすようになった。娘はたいそう心配して、できるだけの手を尽したが、少しも効がない。かくて今は頼み少なになった時、思い切って娘に訳を話した。

娘は驚いたが、「父上の命には替えられないから、お心に従いましょう。しかし人としてかかる浅ましいことは出来ませんから、父上には床下の土をくぐって、三度犬の吠える声をして下さい」といった。

父は迷っているから、思慮分別もなく、娘の言うとおりにした。

さて翌日、その家の裏の大木の枝に、この可憐な娘の死骸はぶら下がっていた。

その後、この父親の病は癒え、無実の罪も晴れて、ふたたび前の官職に上がったが、なぜかその冠の頂には霜の降りかかるばかりでなく、その縁には犬の毛がおびただしく付いていたので、王様はこれを問うと、傍にいた鬼谷先生という儒者が、事情を詳細に申し上げたので、王様は大いに怒って、人倫を破った大罪人として極刑に処したのみならず、世の見せしめとして、その像を刻み、国中にたてた。今、朝鮮の村落に行くと、入口などに松の丸太のうえに不恰好な人面を刻み、下に天下大将軍、地下女将軍などと書いたのを見るがそれである。

今では道の守護神、疫神祓として信じられている。


（三輪環　一九一九）

【文献資料】
①三輪環　一九一九年　一五三～五六頁
②中村亮平　一九二九年　一〇一～〇六頁
③今村鞆　一九二八年　三六七～六九頁

【話型構成】

Ⅰ．父と娘の関係。(1) 張という有名な大臣がいた。奸臣たちの陰謀で、位を辞任させられ、田舎にきていた。(2) 彼には成熟した娘がいたが、彼女は彼と不倫の関係をした。(3) 娘は恥をかかされたので自殺した。

Ⅱ．チャンスンを立てる。(1) その後、大臣の無罪が証明され、復職した。(2) しかし、娘との関係を知った王様は、彼を極刑に処し、そのいましめに道に彼の像を立てるようにした。


【ヴァリアント】

王様が、もし兄妹を山中におけば不倫を犯すかと質問すると、張という大臣は、絶対犯さないと断言した。数年後使いをやって確かめたところ、兄妹の間には子供ができていた。それで張は罷免され、彼は田舎で病死した。人々は彼を哀れに思い、彼の像を道に立てて彼の霊を慰めた②③。

【解説】

韓国の村の入口には、城隍壇、堂山木、ソッテ、チャンスンなどの神や神の依り代が立ち、村を守っていますが、昔話にはとくにチャンスンが、よく登場します。

たとえば「チャンスンの訴え」（KT590）では、チャンスンと人との交渉を語っていますが、チャンスンには頭領がいて各地のチャンスンの相談に乗っています。「瘤取り爺」（KT476）の類話では、トッケビの代わりにチャンスンが爺の瘤をとってくれます。

各地のチャンスンの祭りの由来には、「疫病がはやった時、チャンスンを立て祈ると村に疫病が入らなかった。その後、チャンスンを手厚く祀るようになった」というタイプが多く、この話のように「過ちを犯して非業の死を遂げた者を祀った」というタイプはあまり見られないようです。

【樋口】

【話型比較】Eberhard 50

680＊崇児山

KT 739 チャンスン（張鮮）と仙女

順川郡邑内を東にさること約二里に殷山面があり、その東南に崇児山、その西に張鮮江があり、そこに怨痛橋という橋がかけてある。

むかし張鮮（チャンスン）という人が、京城（ソウル）に出て進士に及第したので、喜びいさんで帰る途中、一人の美人に会った。美人は張鮮にむかって「私は崇児仙女といって天帝の子であります。私は父の命によって、あなたを迎えるために来たのです。どうぞ私とともに父のところまで来てください」という。

張鮮は断った。「自分は、これから京城へ帰るところだから、行くわけにはいかない」けれども、仙女はきかない。「いいや、それはよく知っております。しかし私はあなたの妻で、あなたは私の夫です。これから父の側に参りましょう」というちに五色の雲が目の前に下りてきて、二人は雲に乗って天に昇ったのである。

この頃、下界では非常な旱魃で、百姓は一様に困りきっていた。天帝はこれを憂いて崇児仙女に命じて、雨を降らせた。仙女は一個の瓶を取り出し、それからしきりに雨を降らせた。張鮮はこれを見て不

思議に思い、自分がひとつ降らせてみたいと思って仙女に話した。

「では、この瓶を少し傾けると雨が降りますが、あまり傾けると大雨になります」

張鮮は瓶を取ろうとして、手をすべらして地上に落としてしまった。すると大雨が降り出して、山は崩れ、川は処を移し、その付近の地形を一変して、新たに崇児山ができ、張鮮江ができた。その瓶の落ちたところは水源里、それに架けた橋は怨痛橋である。

（三輪環　一九一九）

【文献資料】

①三輪環　一九一九年　二八～三〇頁
②中村亮平　一九二九年　二〇八～一一頁
③張徳順ほか　一九七〇年　一〇八～一〇頁
④任晳宰　一九七五年　四巻　一二七～二九頁

【話型構成】

Ⅰ．張鮮と天女との出会い。（1）張鮮が科挙試験に合格して田舎に帰る途中、美女に会う。（2）彼女は天女で、張鮮とは夫婦の縁があるから迎えにきたという。（3）張鮮は彼女と一緒に五色の雲に乗って天に昇った。

Ⅱ．地上の旱魃と地形の変異。（1）地上は旱魃で困っていた。張鮮は天帝に告げて雨を降らせた。（2）張鮮はあやまって瓶を地上に落としたので大洪水になり、地形が変わってしまった。（3）そのときできた山が崇児山であり、川が張鮮江である。

【解説】

張鮮という秀才が天帝に見込まれて崇児という天女と結ばれますが、天女が雨を降らせるのを手伝ううちに誤って瓶を地上に落とし、大洪水を引き起こし、その結果「崇児山」「張鮮江」「水源里」「怨痛橋」という山や川や里や橋が生まれたという地名伝説です。

「天女と結ばれた男が、天女を助けて雨を降らせる」という件は、日本の「笛吹聟」(大成119) にも共通します。

この話の舞台となった殷山面は、一九一八年に刊行された『最新朝鮮地誌・下編』によれば、平安南道の順川郡の大同江上流左岸の村で、かつての郡庁所在地であり、市場での商取引が盛んであるとされますが、「土地おおむね高燥にして耕地また広大なるも水利の便に乏しく水田すこぶる狭小なり」とされています。生業は農耕で、麦、粟、大小豆、黍、稗、綿花などの畑作中心ですが、「降雨は七八月の候に多くその他はほとんど晴天なり」というので、この伝説の背後に旱魃や祈雨の儀礼があったことが推測されます。

『最新朝鮮地誌』には、大同江の水運を利用した商業活動についての記述はありますが張鮮江の名は見えず、「名所古跡」という項目にも「崇児山」や「怨痛橋」に対する言及はありません。韓国で刊行された伝説集には、今もこの話が散見されますが、伝説としてはすでに人々の記憶から失われてしまった可能性があります。

中国ではこれと似た伝承は、兄妹相姦神話の前段として貴州省に住むプイ族が伝えています。

むかし天には十二の太陽があって、地上は干涸（ひから）びていました。このため、ある兄と妹が弓で十の太陽を射落とし、天に二つの太陽を残しました。一つは現在の太陽に、もう一つは月になりました。しかし天上の雷公は雨を降らせないので、大地は干涸びたままでした。兄妹は天までとどく摩天樹（まてんじゅ）を登って天に行き、雷公に雨を降らせるようにいいました。しかし雷公は忙しいので、自分で甕の水を下界に撒くよう指示します。兄妹は甕の水を下界に撒いていましたが、誤って甕を倒してしまいました。水が全部下界に流れたため、下界では七日七晩雨が降り続き、大洪水になってしまいました。【斧原・樋口】

【話型比較】大成119・463A　池田312D　通観1142

681 ＊笛の名手と雲林池

KT 740 笛と龍女

鴨緑江の辺にある中江鎮付近に刀磨峰という峰が高くそびえていた。その頂上には雲林という池があるのだが、この池には、むかしから伝わる伝説がある。

何千年前、雲林というある世捨て人がその池の辺であばら家を建てて一人で暮らしていた。彼は笛を吹くのが卓越していたので、山すそにある村で暮らす人たちは彼を「笛の名手」と呼んでいた。

夜になると雲林は池の辺にある岩に座って春の香りや秋の月の光の下で笛を吹いた。

ある秋の旧暦の八月十五日、月はひときわ丸く、明るかった。その寂しい世捨て人はいつものように岩の上に座り、彼の愛する楽器を演奏していた。甘い響きが秋の夜に響いていった。それは抑えられていた情熱がたかまって、いや、まさに訴える情熱の吐息のようだった。木や葉までも、そして世の中のすべてものが夢うつつに、しかし情熱的な音楽に深く感動して、静かに聞いているようだった。その自身の演奏に魅了され、彼は渾身の力を尽くして演奏を続けた。

すると突然、背後から女人の声が聞こえてきた。「すみません」それは鐘の音のように澄んで、甘い

声だった。彼はとても驚いて笛を口から放し、彼女を見るため振り返った。そこには少しはにかんだような顔をした乙女が立っていた。彼女は地上に住む人には見えず、人並みではない美人だった。彼がどう声を掛けたらいいのか戸惑っていると、その美しい乙女は再び声を掛けてきた。「あなたのお邪魔をしてすみません。あなたの甘い笛の音色に魅了され、私もしらずしらずのうちにこちらの方に一歩ずつ足が動き、結局ここまでやってきました」

その笛の名手は尋ねた。「あなたは誰ですか」しかし、乙女は答えるのをためらった。それで、彼はもう一度、尋ねた。「あなたはどこから来たのですか」

すると乙女は言った。「私には両親もおらず、頼りにできる人が誰もいないので、ただ一人でさ迷っていました。たまたまこちらを通りかかったら、あなたの笛の音が聞こえ、その美しい音色に引かれてここまでやって来ました」

彼女がそう答えると、雲林はもう一度、彼女を眺めました。しかし、その美しい乙女は汚れたこの世のものには見えませんでした。

「彼女は天から降りてきた仙女だろうか」。彼は疑った。

すると美しい乙女は彼に尋ねた。「私のために、もう一曲、演奏していただけませんか」彼は彼女が望むとおりに演奏した。しかし、彼が一曲、演奏し終えると、彼女はまたもう一曲、そして、またもう一曲と、催促した。彼女は全くその場を離れようとしなかった。あまりに怪しいので、その世捨て人は言った。「遅くなりました。もうお帰りなさい」

戸惑いながら彼女は言った。「私は行く所もありません。かわいそうだと思って、あなたと一緒にい

るのをお許しください。私の命ある限り、あなたをお世話させてください」

雲林は彼女の話を聞いて、うれしさで心がときめいた。「これは大変なことになった」と彼は心の中でつぶやいた。「あのように美しい乙女が自らこの孤独な世捨て人と一緒にいたいと頼むのは、これはきっと神のお告げに違いない」

二人は幸せな結婚生活を始めた。彼らは世の中のどの夫婦よりも熱い愛に浸っていた。彼らはかたときも離れることができなかった。

冬も過ぎ、新しい年も明け、まもなく夏がやって来た。初夏から日照りが続き、一月の間、雨が一滴も降らなかった。畑に植えてある野菜も山や野の草や木もみな黄色に変わり始めた。農夫や木こりたちは雨が降るのを切に待ち望み、毎日、空を眺めていた。

雲林も日照りをとても心配したが、妻の心配はただならなかった。日照りが長く続けば続くほど、妻はますますやつれていった。

「お前、とってもやつれたではないか。この日照りは皆の関心事だから、お前一人心配しなくてもいい」ある日、雲林は言った。夫の心配にもかかわらず、妻は食べるものもろくに食べず、日に日にやつれていき、時には涙を流した。

それゆえ、雲林はどこの誰よりも雨が降るのを願っていた。しかし、雨が降る気配さえ見えなかった。暑い太陽の日差しだけ照らす日が続き、草や木は言うまでもなく、池の水もほぼ涸れ尽きてしまった。毎日この状態で、これが何日か続けば、穀物はみな枯れてしまうだろう。農夫たちはみな力を合わせて雨乞いをしたが、それも無駄だった。

その間も雲林の妻の心配ぶりはとても見るに忍びないほどだった。妻はとてもいらだち、食べるにも食べられず、寝るにも寝られなかった。

「お前はいったいどうしてそのようにひどく心配するのだ」。雲林は一度、妻を労わるために言った。

「これはお前一人でどうにかできる災いではない。そんなに心配しても何ができるというのだ。全て天の思し召しだ。どうか、あまり気を落とさないでくれ。私たちはどのようにしても食べていける」

こう言って激励すると、彼はすぐに寝入った。次の日、起きてみると、いつも隣にいる妻が見えなかった。彼は妻がどこかに出かけたものだと思い、しばらくの間、待ってみた。しかし、妻は帰ってこなかった。彼は外に出て辺りを探してみたが、どこにもいなかった。彼は家に帰り、額に手を当てながら妻がどこへ行ったのかを考えた。すると部屋の隅に置いてある一枚の封書が彼の目に留まった。彼はその封書を開いて読み始めた。

「私は、知らず知らずのうちに愛するあなたの元を離れました。以前、私は池に住む魚でしたが、あなたの美しい笛の音色に魅了され、大胆にも人間に変身し、また大胆にもあなたと結婚もしました。しかし、私が池から出てきたので日照りになって今日まで続き、全ての植物や私の命までも枯れてきました。そのせいで私は、知らぬうちに池に帰っていったのです。あまり悲しまないで、これ以上私のことは思わないでください。月明かりで明るい夜には岩の上に座って私のためにあなたの愛する笛を吹いてください。花々が咲きみだれ、鳥たちがさえずる朝には池の水にあなたの顔を照らしてください。愛するあなた。私はもう二度と水の外には出られませんが、あなたの甘い笛の音色と水に映る愛するあなたの顔が私には慰めになるでしょう」

それは妻が残した手紙だった。手紙を読んで彼は涙を流した。しばらく泣いた後、彼は外で人々が興奮して大声を上げるのを聞いた。「雨だ、雨だ」。彼は頭を上げ、外を見上げた。確かに雨が降っていた。雨雲が大地を覆うと、雨がざあざあと降り始めた。山すその村人たちは喜んで外に飛び出してきた。しかし、雲林の心は耐えられない悲しみでいっぱいだった。

その日から雲林は耐えられない悲しみで、池の周りをさ迷った。夜には岩の上に座って笛を吹くことも決して忘れなかった。その曲調は以前にないほど悲しく、そして哀れだった。

ある日の夜、彼はいつものように池の辺で笛を吹いていた。妻を切に慕う気持ちで胸が痛み、彼は耐えられない恋しさを音楽で表現しようとした。激しく、しかし、切なく聞こえてくる笛の音は九つの空を感動させ、山川草木や動物たちまでも感動させた。するとその時、突然後ろから誰かが彼を呼ぶ声が聞こえた。それは彼の愛する妻の声、その声が池の底から聞こえてきた。彼は笛を放り投げ、池の方に走っていって池に飛び込んだ。

その後、二度とその笛の名手の美しい音色を池の辺で聞くことはなかった。彼のあばら家でも二度と彼の姿を見かけることはなかった。ある木こりがその岩の傍で彼の笛を、池の辺で一足のわらじを見つけただけだった。

村の人々は雲林が池の中に飛び込んだのは間違いないと思い、彼を捜しに捜してみたが、結局見つけることができなかった。

それから村の人々はその池を彼の名にちなんで雲林池と呼んだ。そして、月光が特に明るい夜には、人々は池の底から聞こえてくる美しい笛の音を聞くことができたそうだ。

日照りが長引く時には農夫たちは雨乞いをする。すると彼らの祈りが届かないことは決してなかった。池には多くの魚が住んでいるが、笛の名手の伝説によって、どんな災いが起こるか分からないので、だれも魚をとる人はいない。

（張徳順ほか　一九七〇）

【類話】

京畿道開城南大門から四里ほどの天磨山と聖居山の間に、朴淵という大きな滝がある。

昔、朴進士という者がここの滝に遊びにきた。美しい景色と荘厳な滝に魅せられ、持っていた笛を出して吹きだした。美しい笛の音は水の流れる音のようだった。さらに一曲また一曲という具合に続けて吹いていると、滝の底に住んでいる龍女が笛のメロディーに聞きほれ、人間の姿で地上に現れた。朴進士は彼女が本体は龍女だということを知らずに、二人はしばらく話をした。そうするうちに二人は心が通じ、婚姻の約束をしてしまった。

ところで朴の母は、何日たっても息子が帰ってこないので、とうとう待ちきれずに捜しに出かけた。そして来たところがこの滝であった。母は大きな声で息子の名を呼んだが、聞こえて来るのは水の音だけだった。母は息子がこの滝に落ちて死んでしまったのだと思い、悲しみのあまり身を投げて死んでしまった。

そうして後日、人々は朴進士が龍女と一緒に滝の底に入ったのだと言い、滝の名を「朴淵」という。

（崔常壽　一九五八）

【類話】

黄海道新渓郡栗面九湾里に、一つの沼がある。昔、この沼に龍が住んでいたが、ある年、旱魃で沼の水がなくなると生きていかれなくなり、他のところへ逃げることになった。今も岩のところに何かが這って行ったような跡が残っているのは、この時龍が逃げた跡だという。

後になって人たちは、龍が住んでいたから「龍沼」と呼ぶようになったという。

（崔仁鶴　一九七七）

【文献資料】

①張徳順ほか　一九七〇年　一一一～一六頁

②崔常壽　一九五八年　四二～四三頁（崔常壽が一九三七年九月に、京畿道開城府で李永俊に聞く）（＊崔仁鶴　一九七七年『朝鮮伝説集』九三頁）

③崔仁鶴　一九七七年『朝鮮伝説集』九三頁（崔常壽が一九三六年八月に、黄海道新渓郡栗面九湾里で金雲祥に聞く）

【話型構成】

Ⅰ．（1）ある人が笛が好きで常に沼に向かって吹いていた。（2）ある日、美女がきて夫婦になった。ところがそれ以来つづけて旱魃がおそった。（3）彼女は自分は沼の魚であるが人間と結婚したので旱魃が起こるのだと書き残して沼に戻った。（4）雨は降り出したが、男も沼に身を投げて死んだ。

【古典文献】

『東国輿地勝覧』巻四二　牛峰山川（朴淵）条

【解説】

この話は、平安北道慈城郡中江鎮の雲林池に伝わる「笛の名手と水の精である魚の恋物語」ですが、その原型となるのは『新増東国輿地勝覧』（一五三〇）黄海道牛峰縣の淵の条に記録された「朴淵」という笛の名手と龍女にまつわる伝説であると思われます。

『新増東国輿地勝覧』の話は、一九三七年九月に京畿道開城府で李永俊が崔常壽に語った話とほぼ同様で笛の名手と龍女は登場しますが、龍女が雨を司ることはなく、かわりに息子を想う朴進士の母の物語になっており、文献を通して各地の人々の間に広く語り伝えられました。

沼や池の主である龍や魚が人間の男と結ばれる異類婚姻譚は世界中に分布し、龍や魚の女が水界の主で水を支配する話は少なくありません。日本でも龍女と人間との間に生まれた小泉小太郎（龍の子太郎）の話などがよく知られています。

雲林池の笛の名手と魚の恋物語は、その劇的な展開が面白く、北朝鮮の伝説集にも取り上げられ、韓国では劇化されて上演されることもあります。

中国でも、周辺の少数民族を含めて、楽器の名手が龍

宮に招かれるという話は広く知られています。楽器は必ずしも笛に限らず、琴や鼓、喇叭などいろいろで、主人公は龍王から貰った呪宝によって豊かになります。また主人公は龍女と結婚し、その力によって豊かになるという龍宮女房に近い話なども、いろいろと伝わっています。

そのなかで韓国の例話に近いものは、海南島の黎族に伝わる次のような話です。

「若者とその母が暮らしている。若者は笛が上手くいつも笛を吹いている。笛を聞いた龍女がやってきて若者の妻になる。やがて龍王が大波を起こす。若者と龍女は魔法の笛を吹いて大波を押し返すが、やがて磯辺の岩に化す」

穴に風が吹き抜け、いつも笛のような音がしている岩の由来譚になっています。

【斧原・樋口】

【話型比較】 大成119　通観223　丁592A　金592A

682 ＊延烏郎と細烏女

KT 741 延烏郎と細烏女

時は新羅八代の阿達羅王の時代、実りの秋には百姓がみなで撃壌歌を歌う太平の御代だった。慶尚道の迎日県魚竜沙ドガ野（今の都邱洞）付近に、延烏郎と細烏女という一組の夫婦が暮していた。ある日、夫の延烏郎が海草をとろうと海辺に行き、大きな岩に上がって、仕事をしようとする、ちょうどその時、突然その岩が動きだし、ぷかぷかと浮かぶと、青い海、何万里を東に渡り、海岸にたどり着くと、そこはまさに日本の地だった。

倭人たちが大勢押しかけて、天から下りてきた非凡な天人だと、喜んで王に推戴した。その妻の細烏女は、夫が海に行ったきり帰ってこないので、海辺に出かけて捜すのだが、迷っているうちに、夫の履物がある岩の上にあるのを見つけて、すぐに拾おうと岩の上に上がると、いきなり岩が動き始め、大海の波を乗り越え、倭の国に到着し、夫に再会し、また、王妃になった。

しかし、延烏夫婦が倭の国に渡ってから、新羅では大病が発生した。太陽と月が光を失い、暗黒の世の中になり、民の生活は、口に出すことも出来ぬほどだった。

新羅の王はひどく驚き、日官（占いを担当する役人）を呼び寄せ、占うと、「延烏、細烏夫婦は、日と月の精である。今、このような病気が発生するのは、二人が倭の国に渡ったせいで、彼らを呼び戻さないといけません」と言った。

王は、倭の国に使臣を送り、延烏、細烏夫婦の帰りを懇請したが、延烏は、「私たちがここへ来たのは天の命令なのに、どうして天の意に逆らうことができましょうか。妻の細烏が編んだ反物があるので、これを持って行き、私が暮していた村の池に祀って、天地神明に祭礼をしたら、日と月が再び光を放つでしょう」と言って、反物を差し出した。

使臣が帰って国王に告げると、王は、その言葉通り、池に壇を作り、細烏女の反物を祀った。そして誠意を尽くして祭礼を行うと、果たして、日と月が以前のように明るい光を放った。

その後、その池を日月池と呼び、その村を日月洞、その地方を日月郷と言い、反物を国宝とし、その倉庫を貴妃庫、その地帯を都祈野と呼ぶようになった。

（柳増善　一九七一）

【文献資料】

①柳増善　一九七一年　三四一～四三頁（柳増善編『嶺南の伝説』「日月地」大邱　一九七一）
②崔仁鶴　一九七四年　二九〇～九二頁
③三輪環　一九一九年　八九～九〇頁
④金相徳　一九五九年　二九九～三〇八頁
⑤李元寿　四七～五六頁
⑥宰相魯　三一三～一五頁

【話型構成】

Ⅰ．延烏郎と細烏女が故郷を去る。（1）ある日延烏郎は海草をとりに行ったまま岩に乗せられて流れて行った。

（2）細烏女は夫を捜しに出てやはり岩に乗せられて流れて行った。（3）二人は大和国にたどりつき、王と妃になった。

Ⅱ．日光の喪失と回復。（1）新羅では昼間でも夜のように暗くなった。（2）日官が占うと、日と月の精霊が新羅を去ったからである、と解釈した。（3）王様は使いを遣り、二人を招いたが、二人は断った。（4）そのかわり妃が織った絹を贈ってくれたので、それを持って天の神に祭りを捧げると、日光はもとどおりに回復した。

【古典文献】

『三国遺事』巻一　延烏郎細烏女条
『東国輿地勝覧』巻二三　迎日古蹟条
『朝鮮邑誌』　迎日古蹟条

【解説】

これは禅僧一然（一二〇六〜八九）によって著わされた『三国遺事』巻一の「延烏郎細烏女条」に収められたほぼそのままの話ですから、文献によって長く伝えられた話であると同時に、一然以前にも口承によって人口に膾炙していたことが推測されます。

この話は、前半の「延烏郎と細烏女という新羅人の夫婦が海に流されて日本に辿り着き王となった」という［1］「王権誕生神話」と、後半の「延烏郎と細烏女が日と月の精であったので、太陽と月の光が新羅から消えてしまい、使者が延烏郎から細烏女の織った絹を得て、新羅に持ち帰って天に祀り、ようやく太陽と月の光をもどした」という消えた［2］「日月奪還神話」という二つの神話からなっています。

さらにこの話は「絹を祀った池を日月池、村を日月洞、地方を日月郷、倉庫を貴妃庫、一帯を都祈野と呼ぶ」という地名伝説ともなっていますが、『三国遺事』では、祭天した場所を「迎日縣、又都祈禱野」としています。「日を迎える」という意味を表す迎日縣が高麗時代以来、今日にまで至る地名であることからも、この伝承の長い歴史を知ることができます。【樋口】

683 ＊神の声を聞いた木こり

KT 742 神の声を聞いた木こり

明の万暦三三年（一六〇五年）、ちょうど宣祖王朝乙巳年だった。

その年の七月に、これまでにない大雨が降った。

ところで、この大雨が降る前に江原道で一人の木こりが木を伐っていた。その時、金の鎧をつけた天の使いが白馬に乗って剣を手に天から下った。その姿があまりに見事だったので、木こりは、神の使いだとさとった。

白馬の使いに続いて一人の仏僧も杖を手に下りてきたが、その顔つきも厳かだった。

天の使いは馬をとめて、仏僧と話をしているようだった。木こりは、この光景に驚いて木の陰に身をひそめていた。

天の使いは、なにか非常に怒った様子で、剣をかかげて四方の風に向かい「どこからどこまで地上に洪水を起こし、そこに住む人々をすべて滅ぼしてやる」と言っていた。

仏僧はそれを止めようとして懇願した。「洪水は衆生たちを破滅に追いやります。それなら、あなた

の怒りを私に下してください」。仏僧がこう懇願すると、天の使いはまたこう言った。

「それでは洪水を、ここからここまでにしてやろう。それでよいか」

それでも仏僧は懇願し続けたが、天の使いはきっぱりと答えた。

「あなたの願いを聞いて被害を半分以上も減らしたが、もうこれ以上はだめだ」

なおも仏僧は懇願したが、神の使いは僧侶の願いを退けたので、「それでは、あなたの思い通りになさってください」と言った。

こう話し終わると、二人は分かれて、舞い上がり、天に上った。

木こりは二人の話に一生懸命聴き耳をたてていたが、距離が少し離れていたので、その言葉をはっきり聞き分けることができなかった。二人は長く話していたのだが、木こりはすべてを聞き取ったわけではない。

木こりは、いそいで家に帰り、妻と家族を連れて逃げたが、その日から雨が降り始めた。大雨が降りつづき、五台山が崩れ、麓の地が沈み、大きな湖となり、住む人をすべて滅ぼしたが、木こりの一家は生きのびた。


（Gale 1913）

【文献資料】

①Gale 1913 pp.52－53

【話型構成】

Ⅰ．（1）江原道のある村の木こりが天から下った使いと道僧の間で交す話を立ち聴きした。（2）天上の使いが、剣を持って四方の風に向かい洪水が起こるようにして人間を滅ぼすといった。（3）道僧は許しを乞うた。やっと

洪水は半分に減らすことになった。(4) 李朝の宣祖王朝のとき、大暴雨があって被害が多かった。しかし、立ち聴きしたきこりは、避難して無事だった。

【解説】

これは、任堕(一六四〇～一七二四)が、その野談集『天倪錄』に収めた物語の一つです。

「洪水を引き起こして人類を滅ぼすという神の使いを僧がなだめ、被害を最小限に食い止めようとしたが、結局大雨が降り、山が崩れ、山麓一帯が池となり、人々が滅亡し、木こり一家だけが難を逃れて生き延びた」という話は、旧約聖書の「ノアの箱舟」に見られるような洪水神話ですが、この洪水が起こったとされる一六〇五年は、朝鮮王朝を滅亡の危機に陥れた壬辰・丁酉の乱(文禄・慶長の役　一五九二～一五九八)の直後で、まさに洪水のように襲った倭軍による災禍の記憶をとどめているように思われます。

この話の舞台となる五台山は、江原道を貫く太白山脈の満月台、長嶺台、麒麟台、象三台、知工台をさすといわれる景勝の地で、新羅以来の古刹が壬辰・丁酉の乱を越えて残され、この話に見える天の使いと僧の対話にもふさわしい聖地ともされています。

なお日本の各地にも「琵琶法師が琵琶を奏でたお礼に竜神から洪水の予告を受け、他人に話すと命を奪うと言われたにもかかわらず、村人に知らせて助け、自らは犠牲になった」という「竜神の予告」(通観66)という洪水伝承が伝えられています。

【樋口】

【話型比較】 通観66

684＊人知の限界

KT 743　人間は、地上のことだけ知っている

大むかしのことである。一人の少年が毎日書堂（塾）に通いながら一生懸命に勉強していた。ある日彼は書堂へ行く途中で、一人の美しい処女にあった。処女は彼に愛の秋波を送った。けれども彼は知らぬふりをして書堂へいった。それからというものは毎日、かの美しい娘が定まった時刻に定まった場所へ現れ少年を誘惑するのであった。ついに少年は娘に誘われて一軒の小さい家に入った。それは娘の家であったのだろう。少年は娘に接吻を求めた。けれども娘はそれを許さなかった。体を交えることは許しても接吻だけは許さなかった。いくら強要しても応じなかった。そこで少年には、ふと思い出されるところがあって「この女は九尾狐に相違ない。九尾狐は舌の上に珠をもっている。人間がもしその珠をふくむと、その珠はただちに溶けてしまうが、それがとけないうちに天を見れば、天上のすべての事柄を知ることができ、地上を見れば、地上のすべての事柄を知ることができるといわれている。よし、どうしてもこの珠をとってのんでやろう」と考えた。そして娘に向かい「お前は私を厭がっているにちがいない。体を許して接吻が許せない道理はない。それではこれっきりで別れることにしよ

う」といって立ち去ろうとした。

娘は少年の激怒した様子を見て、やむを得ず接吻を許した。娘の舌の上には果たして八角夜光珠がついていた。少年は娘の舌からそれをかみとって自分の口に入れるや否や、外へかけ出した。まず天を見、それから地を見るつもりであった。ところが、彼がとび出す時、閾（しきい）に足をひっかけて、下向きに倒れてしまったので、天を見ることができず、ただ地上のみを見たのである。珠はただちにとけてしまったに相違ない。それで、今でも人間は地上のことだけを知り得、天上のことは知り得ないようになっているとの話である。

（孫晋泰　一九三〇）

【文献資料】

①孫晋泰　一九三〇年　三二頁（一九二二年十二月に、咸鏡南道咸興郡北州東面院洞で韓林に聞く）

【話型構成】

Ⅰ．書堂に通う学童が、美人に出会う。

Ⅱ．体の接触は許すのだが、口づけをしようとすると、それだけは拒絶する。

Ⅲ．彼は、彼女が九尾狐だと分かると、口の中の如意宝珠を奪おうと必死だ。

Ⅳ．結局、彼は成功して、如意宝珠を口の中に入れたが、敷居につまずいてこけたので、天の道理を悟ることはできなかった。

【解説】

「人がこの世のことしか知ることができないのは何故か」という人間の知識の限界の由来を語る神話です。

この話は、孫晋泰が一九二二年十二月に咸鏡南道咸興郡北州東面院洞で韓林に聞いた話です。孫晋泰は当時二二歳で早稲田大学第一高等学校学院予科の学生でした。

彼は『朝鮮民譚集』（一九三〇年）にこの話を収めた時

に、その注に「九尾狐に関する逸話は咸鏡・平安・黄海の諸道に殊に多いが南方ではただ狐といわれている」。「八角夜光珠は、咸鏡・平安、黄海の諸道の説話中によく現れるけれども、南方では余り語られていないようである。南方ではただ珠とか夜光珠とかいわれ、蛇もしばしばかかる珠を口中に有しているという」と書いています。

現在の韓国の民俗研究者は、咸鏡・平安・黄海の諸道の昔話調査を行うことができませんが、半島南北の民俗文化の相違を知る上で貴重な指摘であると思われます。

【樋口】

VI その他（補遺）

二十　世間話

685 ＊トッケビと相撲をとった叔父さん

KT 750.1 トッケビと争った男

私の叔父さんが四十歳の頃だった。原生地の野原（ヌルボというところ）で、天を突くような、大きくて丈夫な若者が相撲をしようと言って来た。それで、「お前はいったい誰なんだ」と言って左足をひねりあげ、オオバコでぐるぐると巻いて、帰ってきた。朝、行ってみると、ほうきの柄が巻かれていたそうだ。

（崔仁鶴　一九七九）

【類話】「トッケビと相撲をとる」

ある日、崔根植という若者が市に出かけ、夜遅く家に帰って来るところであった。しばらく歩いていると、大きな巨人のような者が目の前に現れた。

「おまえさん、市に行って来たのか」と巨人は聞いた。びっくりした若者は、「そうだけれど、あんたは一体誰か」と反問すると、巨人はそれには答えず、

「久しぶりだから、角力でもとろうではないか」と言うと、大きな手を伸ばし、若者を引っ張るのであった。

「いやだ、面識もないおまえなんかと角力をとる気は

ない」と断っても、しようがなかった。巨人はすでに角力を取る格好をしていた。やむをえず若者は相手になった。

巨人は力も強いし上背も大きいので、若者は比べものにならなかった。それで最初は若者が下敷きになった。これに負けたらおれは死ぬかも知れんと思った若者は、たとえ巨人でも負けるもんかと力をこめて角力をとった。はじめのうちこそ若者が巨人におされていたが、しだいに巨人は疲れてきた。若者は巨人を倒した。こうして角力の勝負を争って数時間が過ぎた。

やがて若者は巨人を倒して、再び起きあがることができないほどなぐったりけったりした。それから急いで村に帰って来た若者は、友達を呼び集め、「わしは大きな巨人をやっつけたのだ」と大声でどなった。

友達は信じなかった。

「行って確認してみろ」と自信たっぷりいうので、友達は松明を持って、若者が巨人を倒したという場所に行ってみた。すると、そこには巨人どころか人間らしき者もいず、ただ竹の根元に、古くなって使えない殻竿（かちざお）が一竿おいてあった。さらにその殻竿の穴には小さな棒が差し込まれていた。

この若者は殻竿がトッケビ（小鬼あるいは化け物）になったものに化かされたのであった。

（崔仁鶴　一九八〇）

【類話】「トッケビ」

むかし、ある山里にあばら屋が一軒あった。

毎日、背がすらりとし、体つきが巨大な盗賊がきて、家にある品物をむやみやたらに持っていった。体つきが大きいため、家の者はめったに歯向うことができない状態が続いていた。

あるとき、長男がたまりかねて飛びかかった。しばらくの間、取っ組み合いをしていたが、長男がさんざんにやっつけられると、盗賊は今度は米を持って逃げた。

家族たちはみな恐ろしくてふるえあがっていた。その様子を見ていたお母さんは気を失ってしまった。どのくらい眠ったのだろうか、おもむろに起きあがると、次男を見て夢の話をした。夢の中でもあまりのくやしさに、地面をたたきながら大声をあげて泣いていると、白ひげをはやし、手と足の爪はトラのようであった人が現れた。そして、なぜ泣くのかと聞いたので、事情を話した

ところ、あの向こうの山にいけば大根畑がある、そこで大根を引き抜いて食べ、その盗賊がきたら戦えとのことであった。

たいへん不思議に思い、次男はそこにいって大根を抜いて食べてきた。その盗賊がまたやってきたので、次男が飛びかかって取っ組み合うと、その盗賊は倒れた。

その大きなやつが倒れたかと思うと、ほうきの柄になっていた。よく見ると、ほうきの柄の端に髪の毛がついており、その髪の毛をたどっていってみると、やや小さい穴の中に入った。そこを鍬で掘ってみると、いままでになくなっていた品物がみんなあった。

その後はなんの変わったこともなく、幸福に暮らしたという。

（任東権　一九七二）

【文献資料】

①崔仁鶴　一九七九年「トッケビの民俗學的考察・省谷論叢10」省谷學術文化財團刊　二九一～三一六頁（一九七八年に、全羅北道扶安で鄭丙午から聞く）

②崔仁鶴　一九八〇年B　六九～七〇頁（一九七三年五月に、忠清南道青陽郡で金東洙に聞く）

③任東権　一九七二年　一五七～五八頁（一九五五年八月十七日に、忠清南道禮山郡大興面金谷里で記録）（＊『韓国の民話』熊谷治訳　一一二～一一三頁）

【話型構成】

I．（1）ある男が市に行って夜帰ってくる途中、身長の高い男にあった。（2）身長の高い男は角力をとろうという。男は長い時間をかけて争い、ついに身長の高い男を倒した。（3）男は村にきて友人たちと一緒にたいまつを持って現場に来て調べてみると、身長の高い男というのは殻竿であった。（4）男は殻竿がトッケビに化けたものに化かされたのである。

【解説】

トッケビは、鬼神とともに韓国を代表する妖怪です。一般的には鬼神が怨みを残したままあの世に行くことができない死者であるのに対して、トッケビは、人間とは違った魔物で、この話のように遺棄された古い箒などが変化（へんげ）することが少なくありません。

日本の場合には、室町時代から江戸時代にかけて絵草紙などで妖怪が好んで形象化される過程で、鬼、河童、天狗、山姥、天邪鬼、付喪神(つくもがみ)など、さまざまに分化し、人々の間に目に見える形で流布していったのに対し、韓国の場合には、トッケビや鬼神が画像等によって具体的に示されることはありませんが、話によって多様な性格を示します。

ここに紹介した話のように相撲を挑むのは、日本では河童や天狗で、各地に多くの話が記録されています。河童の場合は、いきなり相撲を挑まれた男はなかなか勝つことができませんが、相手が河童であることに気づき、知恵を使ってその力の源である頭の皿の水をこぼし、ようやく命拾いします。天狗の場合は、河童よりも恐ろしい神としての性格が強いせいか、相撲を挑まれた人は無残な死をとげることが少なくありません。

韓国の話では、トッケビの正体が古い箒とされていますが、日本の場合にも箒、木槌、傘、草履などの「それまで便利に使っていながら、役に立たなくなったので遺棄した道具」が妖怪となることが知られ、「付喪神」と呼ばれています。

こうした妖怪に関する話は、多くの場合「昔話」とは一線を画した「世間話」として分類されることが多いため、昔話として話型分類されることが少ないのですが、「宝化物」(大成258)、「化物寺」(大成259)、「化物問答」(大成260)などには、埋められたままの金銀などの他に多くの古道具の妖怪が登場します。　【崔・樋口】

【話型比較】大成258・259・260　通観295・296・297・312

686 ＊トッケビと餅

KT 750.2 トッケビと餅

黄海南道の載寧郡の南芝里で暮していた人が、川で網を打って魚を捕っていると、トッケビが人の顔をして出てきて「餅（トック）を一甑（こしき）蒸してくれれば、魚を網にたくさん追い込んでやる」と言ったので、餅を用意したら、魚をたくさん追い込んでくれた。

明くる日、また魚をとりに行くと、トッケビが現れ「餅を持ってきたか」と聞いた。「忘れて持ってこなかった」と言ったが、また網に魚を追い込んでくれた。

三日目も「また忘れた」と言うと、トッケビはしばらく黙って、「追い込んでやるから網をかけろ」というと、人の骨や犬の骨をたくさん追いこんだ。その人は、それをすべて投げ捨てて、網をつかんで逃げた。

五里ほどの道をトッケビが追いかけてきて、「この野郎、その口でうそを吐いたから、口が歪んでしまえ」と怒鳴った。その人が、次の日、起きてみると、本当に口が歪んでいた。そして、飯も食えなかった。人は、本当に愚かなものだ。それが、人というものだ。

（曺喜雄　一九七七）

【類話】

私が十八の時、雨が降りだすと海辺には蟹がとても多く集まってきた。ある晩、おじと一緒に海辺に蟹とりに出かけた。しばらく蟹を拾い、籠に入れていると、どこからともなくチチチという音がした。おじは、それがトッケビだという。間もなくしてトッケビは暴れまわり海辺を汚したばかりか、燈（ともしび）の光まで消してしまった。周囲は真っ暗で何一つ見えなかった。この時おじは大声で「水底の金書房、蟹料理と、蕎麦の粉でこしらえたところてん（ムック）を御馳走するから、もう悪戯はやめてくれたまえ」とどなった。すると騒音は急にやんだ。しばらくすると、どこからやって来たのか蟹がいっぱい集まってきたので思う存分拾った。翌日は約束通り御馳走を供えた。それからは蟹をたくさんとることが出来た。

（崔仁鶴　一九七九）

【類話】

トッケビを大切に遇すると魚が多くとれるという。それはトッケビが魚の群れを追い込んでくれるからである。

むかし、オドゥンゲ（旧左面杏源里）に住んでいたある漁師が、魚がさっぱりとれないので、トッケビを祀ることにした。しかしこの漁師は、トッケビを祀っても、そんなに長く祀るべきではないので、一定限の貯えができたら、トッケビを追い出してしまおうと心に決めていた。トッケビという奴は、大事に遇してやると金持ちにしてくれるが、少しでも粗末に扱うと、家を滅ぼしてしまう奴だったからである。

ある日、漁師はトッケビのいるといわれるところに出かけた。真夜中に、トッケビと約束を交わすのであった。

「令監、令監、ご幸運をもたらしてくれたらモロコシ

のポンボク（粉を混ぜて炊いた食べ物）をあげましょう」と言って、モロコシのポンボクを捧げて家に引き返した。トッケビはモロコシのポンボクが大好きだからである。すると意外なほど魚が多くとれた。

漁師は、毎日毎日、モロコシのポンボクを作ってトッケビに捧げ、大金持ちにしてくれるように祈った。連日の大漁で、漁師はまたたく間に大金持ちになった。

ありあまるほど金が貯まると、漁師は「もうトッケビの力を借りる必要もない」と思い、モロコシのポンボクを持って行くのを中止した。

ところが、トッケビが夢の中に現れた。「おれは、あんなにお前を助けてやったのに、モロコシのポンボクをくれると約束しておきながら、なぜ持って来なくなったのか」と言うのであった。漁師はこの時、トッケビとの関係をきっぱりと切ってしまわなければ、と思った。

翌日の朝、漁師は柳の棍棒をかついで、トッケビが出る山へ再び出かけて行った。

「やいこら、お前はなんで昨晩、おれの家まで来たんだ。もう一度来てみろ、生かしてはおかないぞ」と大声でわめきながら。漁師は柳の棍棒で山のあちこちを打ち付けていった。そして「やいこら、この糞でも食らえ」と言って、糞をひり、家に引き返した。

家に帰って来ると、自分の家がボウボウと燃えていたという。この火はトッケビがつけたのであった。

（玄容駿　一九七八）

【文献資料】

①曺喜雄　一九七七年（一九六七年十月二二日に、忠清北道永同郡上村面弓村で、梁善五〔七四歳・女〕に聞く）

②崔仁鶴　一九七九年（一九七八年に、全羅南道扶安で柳炳泰に聞く）

③玄容駿　一九七八年（一九七五年二月十七日に、済州島旧左面漢東里で許述男に聞く）

【話型構成】

Ⅰ．（1）ある男が川で網を打っていると、トッケビが現れて餅をくれれば魚を網に追い込んでやるという。（2）男が餅を用意するとトッケビが魚を追い込み、大漁になった。

Ⅱ．（1）翌日、男が餅を持って行かなかったが、トッケ

ビはまた魚を追い込んでくれた。（2）三日目に男が餅を持って行かないと、トッケビは男の網に人や犬の骨を追い込んだ。（3）男が網をもって逃げると、トッケビは男の口を歪めてやると呪いをかける。（4）翌朝起きると、男の口は本当に歪んでいた。

【解説】

これは、一九六七年十月二二日に忠清北道永同郡上村面弓村で梁善五が青喜雄に語った話ですが、漁師がトッケビに餅をやって大切にすると大漁になり、それを怠ると酷い目にあって口が曲がってしまいます。崔仁鶴が全羅南道扶安で聞いた二つ目の話でも、漁師がトッケビに蟹料理とムックを供えると蟹がたくさんとれます。

これと大変よく似た話が、日本の沖縄にも多く伝えられています。沖縄の場合には、トッケビの代わりにキジムナーという妖怪がいて、キジムナーと一緒に漁に出ると大漁になりますが、キジムナーと縁を切ろうとすると酷い目にあいます。特にキジムナーが復讐のために家に火をつけるという話が多く、これは玄容駿が済州島で記録した三つ目の話と酷似しています。

崔仁鶴は、扶で聞いた話について、「扶安邑内にはトッケビを家の中に奉っている家がある。トッケビはつねに移り気なので奉る人も気をつけてやらないと、すぐに悪戯をするという」と記した上で「済州島を初め、南海岸一帯の漁村ではトッケビを財宝神と同様に扱い、神の名称、例えば令監とか参奉というように呼び、人格化して丁寧に奉る」という張壽根の考え（『韓国の郷土信仰』）を紹介しています。

トッケビの場合と同じく、キジムナーを神として祀る例が沖縄にも残されています。トッケビとキジムナーという妖怪が、時として人間に富をもたらし、それゆえに神として祀られることもあるという指摘は、人間と妖怪との交渉を考える上できわめて貴重であると思われます。

【崔・樋口】

687 ＊トッケビが築いた堰

KT 750.3 トッケビが築いた堰

忠清北道の清州には、チゲ岩の堰野（井堰を利用して農作業をする田）がある。堰野の田んぼが数百石の広さだ。その井堰の修理には、毎年、金がたくさんかかっていた。

ところで、ある老人が、野原ではんこを見つけた。いったい何の役に立つのか分からない。あまり不思議なので、その老人はそれを拾って持ってきた。するとその日の夕方、トッケビたちが、何十人もやって来て、「そのはんこは、自分たちが失くしたものです。儒生さま、どうぞ返してください」と何度も頼んだ。「儒生さまが望むことを、何でも私たちが叶えて差し上げますからお願いします。それは私たちが失くしたものですから、どうか返してください」と繰り返す。

そこで老人が、「お前たちに一つだけ頼みたいことがある。この野の井堰を修理しようとすると、毎年金も多くかかるだけでなく、ひどく苦労する。お前らは器用だというから、この井堰を、ちょっと修理して塞いでくれないか。そうすれば、はんこを返してやろう」というと、トッケビは「そうですか、井堰を修理して塞げば、はんこを返してくれるのですか」と言って引き揚げた。

そしてある日、夕方、老人が部屋でじっと見ていると、火がピカッと光って、川辺が大騒ぎになった。そしてその次の日、トッケビが来て、井堰の壊れたところを全部修理して塞いだから、はんこを返してほしいと言った。

老人は、「俺が行って見て確かめないことには、はんこを返すわけにはいかん」と、行ってみると、トッケビが砂をさっとかき集めて、子供らがいたずらするように修理していた。「これは、切れないか、大丈夫か」と聞くと、「心配なさらなくても大丈夫です。切れません」と言うので、はんこを返してやったそうだ。

その後は、いくら梅雨で雨になっても井堰は切れなかったという話である。トッケビたちの技でね。トッケビもそうやって奥の手を使うことがあるようだ。

（崔雲植　一九八〇）

【類話】

慶尚北道青松郡府南面花場里に、トッケビ橋という不思議な石橋が、村の前に流れる川にかかっている。十二個の石で繋がっていて、全体的に二十ないし四十度ぐらい傾斜しているので、川の水が少しでも多くなると水に流されそうな橋である。ところがいくら大雨や台風で川が洪水になっても、この橋だけは不思議にその場所から動かないという。

が、実は動かないのではなく、村の人たちが確かに見たところによれば、大雨で洪水の時には現在の場所から激流によって七、八メートルほど流されるけれども、あくる朝になると元の場所にきちんときているということである。だから村人たちは、洪水で橋が流されると、夜のうちに共同墓地からトッケビたちが降りてきて元の場所に移しておくと信じている。だからこの橋をトッケビ橋と呼んでいる。

（崔仁鶴　一九七七）

【文献資料】

①崔雲植　一九八〇年　一三七〜三八頁（一九七四年に、忠清北道清州で金グンチョル〔六五歳・男〕に聞く）

②崔仁鶴　一九七七年　三七八〜七九頁（青松郡教育委員会『私の郷土の誇り（내고장의 자랑）』一九六八年十月刊行）

【話型構成】

Ⅰ．（1）ある人が野原ではんこを拾う。（2）トッケビが現れて、はんこを返して欲しいと言う。（3）あげられないと言うと、望むことは何でもしてあげるから、失くしたはんこをまた返して欲しいと言う。

Ⅱ．（1）その人は、堰の修復をしてくれれば、はんこを返すという。（2）トッケビは、一晩で堰を修復する。（3）その人は、お礼にはんこを返す。

Ⅲ．（1）トッケビの技はすぐれていて、その後は堰が切れることはない。

【古典文献】

『三国遺事』巻一　奇異第一　桃花女鼻荊郎条

【解説】

トッケビが堰を築く話です。トッケビのような妖怪が、人間には築くことが難しい城や橋を築く話は、世界各地に見られますが、韓国では、「新羅第二十五代の眞智王が死後に美女・桃花娘と結ばれ、誕生した鼻荊が鬼神を使って神元寺の川に大橋を架けさせた」という『三国遺事』の「桃花女鼻荊郎」がよく知られています。

鼻荊は、死者との間に生まれた異常誕生の鬼神で、夜になると鬼神とともに遊び、鬼神を意のままに操ったと言われます。そのため、「鼻荊郎室亭　飛馳諸鬼衆　此處莫停（鼻荊の家ここにあり、飛び馳せる雑鬼ども、ここに留まるなかれ）」と書いた札を貼って鬼神を追い払うという風習が生まれたと言われます。

日本にも、「大工と鬼六」（大成２６３）のように名人の大工が架けあぐねた橋をたちまち完成してしまう話や、大江山の鬼が架けたという「鬼の架け橋」や、鬼が堰を築いた「鬼神堰」等の伝説が残されています。類話として紹介した慶尚北道青松郡の話は、こうした鬼神の橋の話です。

人と死者との間に生まれて鬼神をあやつる韓国の鼻荊

は、狐と人との間に生まれたと言われ、式神（鬼神）を自由につかったという日本の陰陽師・安倍晴明を思わせます。【樋口】

【話型比較】大成263

688 ＊嫁姑の葛藤

KT751 嫁姑の葛藤

嫁は、新らしい女性だ。高校まで出た嫁だった。姑が何かさせようとすると、事ごとに「そうではありません」と言って、姑の無学のせいにした。

ある日、嫁は休暇で実家に戻った。この地方では、嫁ぎ先から「帰って来い」と言われたら、嫁は帰ることになっていた。ところが、この嫁は一月たっても帰って来いとは言われない。心配になった嫁は、嫁ぎ先に電話をした。ちょうど、舅が電話をとった。「お義父様、私、帰ってもよろしいでしょうか」と

尋ねた。すると、舅は、「そうだな。お前の姑は、まだ高校を出てないから、お前に『帰ってこい』とは言えないのだろうな」と答えた。

（崔仁鶴　未発表）

【文献資料】

①崔仁鶴　一九九三年に慶尚北道安東で記録

【話型構成】

Ⅰ．(1)高校を卒業して高等教育を受けた「新しい女性」である嫁が、姑を無学扱いして言うことをきかない。

Ⅱ．(1)嫁は骨休めに実家に帰るが、嫁ぎ先から帰ってこいと言われない。(2)心配になった嫁が婚家に電話すると、舅が、姑はまだ高校を卒業していないから、卒業するまではお前に帰れとは言えないだろう、と言う。

【解説】

これは、世代間の葛藤から生まれた、ちょっと前の韓国の笑話です。

崔仁鶴が、この話を聞いた一九九〇年代の初めのテレビドラマの多くは、都会の高層アパートに暮らす若い世代と田舎の村で暮らす両親や親戚との価値観やライフスタイルの違いから生じる葛藤をテーマとしていました。すでに多くの女性たちが大学に通い、高校を卒業するのは当たり前になってはいましたが、まだ笑話の世界では、世代間の葛藤が生きていたのです。

私たちの暮らしの中には、ちょっとした噂話にはじまる面白い話や珍しい話、怪談や奇談にあふれています。こうした話は、韓国に限らず日本でもどこでも、世界中に数限りがないのですが、従来の口承文芸研究の枠組みでは処理しきれないので、「世間話」として一括して処理されてきました。

しかし近年の「学校の怪談」ブームに見られたように、数多くの語りを記録して研究してみると、それが話の発生や伝播のシステム、さらには語りの構造やその背

景となる世界観を明らかにする上で極めて重要であることが明らかになってきました。

その研究は将来の課題ですが、昔話の国際比較を主眼とする本書では、とりあえず旧来の枠組みを維持し「世間話」という分類で、その一端を紹介するにとどめています。【樋口】

VI　その他（補遺）

二十一　その他

689＊名筆の話

KT 800 光り輝く文

むかし、ある金持ちが金箔を塗った金屏風を作り、天下一の名筆を呼んで字を書いてもらおうと広く広告を出した。

ある遊び人が、酒や食べるものが尽きて餓えているところだったので、「えい、どうにでもなれ」と言って、その家を訪れ名筆を名乗ったが、実はまったくの無知だった。

この男が、食事のもてなしを受けてから言うには、「よい字を書こうと思えば、一月の間精神を統一させなければならないので、その間、私に字の話はしないでくれ」

そうして毎日、三食、酒や飯、ただもてなしを受けるだけで、気楽に過ごした。そして一月過ぎると、「墨をする時間が長いほど、よい字になる」と言って、また一月の間、墨をすりながら、もてなしを受けた。

その後、筆を手入れして、十日ほどまたもてなしを受けると、もう言い訳する口実もない。どうにかしてあと何日か堪えて、それから逃げ出そうと考えていた。

そしてとうとう屏風を開いて、大きな筆に墨をたっぷりつけて、端から端に一気に一の字を書いた。そして、筆を投げ飛ばして逃げだしたが、なんと庭でつまづいて転がり落ちて、そのまま息を引き取ってしまった。

主人にすれば、とんでもない話だ。気の毒この上ない。ずうずうしい遊び人を勅使でも接待するように何ヵ月ももてなし、屏風も台無しで、自分には運がないと思った。遊び人の遺骸を始末し、屏風は折り畳んで蔵にしまい込んだ。

ところがその蔵から、夜になるとまぶしい光が輝く。不思議に思っていると、ある物知りの人が会いたいという。屏風を広げると、驚いて、「天下の名筆だ。人一人の命が宿っている。夜になったら開いてみなさい」と言う。そこで、主人が夜、暗いところで屏風を開いてみると、一の字からまぶしい光が光っていた。

「あれを見なさい。あいつは、来た日から飲み食いしながら、心を痛めて、その悩みに沈んだ心をこの字に込めたのだ。三ヵ月もの間、すべての気をこの一字に注いだのだ。この一字を書くのに、まさに精をすべて使い果たして死んだのだろう。人の命というのは、それほど値打ちがあるものだ」

（李勳鐘　一九六九）

【文献資料】

①李勳鐘　一九六九年　一一〇頁（一九三〇年に京畿道廣州で記録）

②崔来沃　一九七九年　一六三～六五頁（一九七八年に全羅北道全州で記録）

【話型構成】

Ⅰ．⑴ある金持ちが立派な屏風に天下一の文を書き込もうとした。⑵そこにみすぼらしい男が自らきて、そのような文を書くには精神統一のため一ヵ月の期間が必要だという。⑶主人はなるほどと思い、食事のもてなしをして接待した。⑷今度は墨をよくすらないとだめだからさらに一ヵ月がほしいというので、主人はなるほどと思い、さらに一ヵ月間、立派なもてなしをした。⑸ついにその日はやってきて、男が文を書こうとすると、目前が真っ黒だ。彼はすべてをあきらめ、一という棒一本をひいたまま逃げだしたが、急死した。⑹ところが夜になると、その一から光が輝いた。学者を呼んでうかがったところ、天下の名筆だという。学者は、この一の字の中に人間一人の命がかかっていると解釈した。

【古典文献】

『東国輿地勝覧』巻十四　忠州仏宇　金生寺

【解説】

人が、思いもかけず書に打ち込むと、巧拙を越えて書に魂がこもり光り輝くという話です。

韓国には、書の名人（名筆）やその作品に関する伝承が多く残されています。たとえば、黄海道海州には、中国古代の聖人、伯夷と叔齊の墓前から運ばれた碑石があると言われ、このような話が伝えられています。

むかし、伯夷と叔齊の墓前の碑石を船に乗せて運ぶ途中に、風と波が激しくなったので海に風の字を投げ込んで海を鎮めました。海州に到着して碑石を建てようとしましたが、風の一文字が足りません。その時、どこからともなく一人の旅人が現れて、「自分が風の字を書きましょう」と言い、書き終わると、旅人は血を吐いて死んだというのです。

李勳鐘が京畿道廣州で記録した話と同じく、一文字に命を懸けると、命を奪われるという話です。【崔・樋口】

690 ＊熱は熱で治せ

KT 801 治病の秘法

むかし、平壌府一の金持ちがいた。この男は、金持ちであるばかりでなく、人の信頼も厚かったが、どうしたことか子宝に恵まれず、年をとってから娘一人を得ただけで、これでもう子供が産めなくなった。

まわりの人たちが心配して、「養子をとれ」とか、「妾をめとってでも息子を生みなさい」としきりに言い立てるのだが、当の本人は聞く耳を持たない。

「他人の子を養子にいれて余計な心配をしたり、妾をとって家に紛争の種をまくのはまっぴらだ」と、言われてみればその通りだ。

そのうちどこかの家の誰かが婿養子に入るだろうが、どんな奴でもご主人様の目にかなえば、カボチャがまるごと転がり込む（つまり「思いもつかぬよいことが転がり込む」）ということだ。そして娘の年が十六、婚期が迫ると、府中の老若男女の間ではこの噂でもちきりになった。

ある日、主人が外出から帰ってくると、妻を手招きして呼ぶ。冠を脱いで、部屋に入って上衣を脱ぐ

と、主人が手振りで外で誰か立ち聞きする者はいないかと尋ねる。いないと言うと、声を下げてこう話した。

「今日、娘の新郎を一人見つけてきた」。「どこの、誰の息子ですか」。「いや、そんな由緒ある家の者でない。ほら、あすこの大同門に李主簿の木綿店が、あるじゃないか」。「ああ、あの家の孫のことですか」。「いや、そうではなく、その家の店番の子がいるじゃないか。そいつだ」。「何ですって、あなた。何てことを言うの。あの子は昨年の冬まで小さな柄杓を持ってうろついていた乞食の子ではありませんか」。

「しぃ、静かにしなさい。そうだその通りだ。だから、俺が静かに話しているのではないか。考えてみなさい。自分の家があって、自分の親、祖父母がいる者が婿養子に入ったら、娘は気に入っても年老いた義父母は嫌だと家を出てしまう日が来るかもしれない。そうなれば娘の身の上は哀れで、私たち年寄りも惨めだ。だから、かえって、家や親が誰もいない、そんな子こそ、私たち二人の夫婦を生みの親のように慕って、娘も大切にしてくれるだろう」。

「そうおっしゃられれば、その通りかもしれませんが、大変な話です」。「そうだ。しかしあの子の過去は乞食かもしれないが、人柄はよい。礼儀も正しく、分別もあり、目上の人に対しては行儀よく、顔立ちもそこそこだ。それだけあれば、十分ではないか。だから、服装や行儀作法など、お前が見て構わないと思うなら、すぐに決めて、公にするつもりだ。私たちの財産ばかりを狙う仲人や、蝿の群れのようにたかってくる連中は見たくない」。

そこで妻が様子を見に行ってみると、主人の言う通りなので、すぐに話がまとまって李主簿夫妻を養

父母にして、婚姻が決まったことが発表された。

おととい までの乞食が、一日にして長者の一人娘の婿養子になるというので、平壌府内はまたこの話で持ち切りになった。

そして婚姻の日が迫ってきた。あちこちのお客はもちろん、通りすがりの旅人や乞食まで集めた宴席がどれほど騒がしかったことか。

やがて夜も深まり、最後に新婚夫婦の部屋の準備に入る。百子図の屏風を広げたところに紅色のろうそくを一本つけたところ、花嫁の衣装に手を触れる新郎の手が震えている。そして、息を吹きかけて火を消すと福が飛んでいくというので、扇子で消して、真っ暗になった部屋では新郎が服の紐を解く音がしたのだが。

その時、新婚夫婦の部屋を見守る人々は、思わず耳を疑った。「何も音がしない」。

すると、花嫁が一言大声を発して、戸を倒して転がり込んで来た。

「お母さん、新郎が大変です。死んでしまいました」。「何だって」。思わず飛んで入り、触ってみるとコチコチだ。さっと引っくり返すと、丸太のように転がる。「これは、一体どうしたことだ」。

家中は、また大騒ぎになった。医者を呼びに走る人、盲目の占師や巫女を呼ぶ人、あちこち駆けまわった。白湯を沸かしなさいとか、精心元（人参等、三十種類の薬剤で作った錠剤）を用意しなさいとか、大騒ぎなのだが、その時、大門の向かいの宿の女将が飛んできて、言う。

「うちに、腕がよい咸鏡道の医者が泊っており、昨日発つはずのところを発たないでいます。その医者が、患者を見れば理由が分かると言うのですがどうでしょう」とのことだ。ひと一人が死にそうな時

に、どうだこうだと言っている場合ではない。「早く連れて来てくれ」と言って呼び入れた。

医者が布団をめくって患者の顔を覗き込むと、「うむ、きっとそうだと思っていた。ちょっとご主人、寡婦を五十人ほど呼び集めることはできませんか」「年老いたのですか。若いのですか」「そんなことはどうでもいいから、とにかく五十人ほど早く集めてください。そして、お金を何貫か、マル（板の間）の端に出して積んでください」

「台所のヨンイ婆さんも独り暮らしだろう。こっちに来てください。それから、あのおばさんも」「とにかく急ごう。生き返らせなければいけない。さあ、庭に筵を敷いて。それではお婆さん、おばさん、これを持って、そこに座って泣いてください。大きな声で泣いて下さい」

まるで青大将のようにトグロをまいている銭の入った籠を抱かされて、座り込んで泣けと言う。今までこんな大金を見たことがないので、寡婦たちは初めのうちは仕方なく「オイ、オイ、アイゴ、アイゴ」と泣いていたが、そのうち一斉に大声で泣く。「さあ、金だ、金だ。大変だろうが、泣いてください。よく泣く人には、もっと手厚く金を与えましょう。新婚夫婦の部屋を少し開いてください」「さあ、早く早く泣いて、泣いて」

寡婦たちは、初めは金の誘惑に負けて仕方なく泣いていたが、戸が開くと、感極まって泣き崩れる。年老いた寡婦は、憎い嫁に浴びせる怨みを、若い寡婦は、一人寝の悲しみを訴えて泣く。王の葬儀の時に慟哭する人たちに、五、六月のカエルの騒ぎが加わっても、これにはかなわないだろうというほどの泣き声になった。

医者は部屋を出たり入ったりして、新郎の顔を覗いたかと思うと、今度は寡婦たちの間を歩き回り金

の包みを渡しながら、「さあ、もう少し大きな声で、もう少し悲しく、うん、あの婆さんはとても上手に泣く、さあ、金だ、金だ」。

もう、寡婦五十人ほどの泣き声が上手に交ざりあって響き渡る。あるお婆さんは、あお向けに倒れて手足をばたつかせ、ある若い寡婦は、服を切れ切れに裂いてあがきながら泣く。

医者は、家族と共に、新郎の顔をじっと見ていた。他の人が見ると、同じように見えるのだが、医者は何か感じたのか大きく頷いた。すると、すぐに新郎がモジモジと身体を動かす。そして、「ふうー」と息を吐く。顔色が戻るのをみると、もう周りの人にも分かる。

そして目をパッと開いて、まわりをじろじろと見回す。「アイゴ、このタワケ者」主人の妻は、感極まって泣き始める。医者は、手を挙げ、いかめしく制止して、外に向かって「もう泣くのは止めなさい」と手を振ってみせる。

家族、親戚たちが手分けして、「さあ、もう泣き止んでください。さあ、この金を持って、帰ってください」。「アイゴ、アイゴ、アイゴ、私の運命よ」と自分の胸を叩きながら泣く年老いた寡婦に若い寡婦、こんなにたくさんの寡婦を返すのも並たいていのことではなかった。寡婦たちが金を投げつけたり、とりとめもない話をして嘆いたり、他人の頭をつかんで振り回したり、しばらく騒いだすえに、やっと帰っていくと、新郎は座って、医者の言う通りに、蘇合元（気をしっかりさせる胃調薬）を噛んで、水を飲んだ。

主人は腰をかがめて、「すみませんでした。ありがとうございました。こちらへおいでください」と医者を招き寄せる。医者は、遠慮なく立ち上がり、部屋に入って来た。部屋は、白髪の年寄りたちが

ぎっしりと座っていた。彼らはみな平壌内では我こそはという医者たちだった。

医者は名を名乗った。「はい、咸鏡道に住む李景華と申します」

酒が準備され、李景華は、硯箱を出して処方箋を書いた。それを見ると、皆とても驚いた。神経を安定させる薬だが、その程度のものは誰にでも分かる。一体、先ほど新郎を助けた処方箋はどこから手に入れたものなのか。

酒が二回ほど回ってきた時、ある人が聞いた。「先ほど先生がお使いになった術は、まったく見当もつかないのですが、一体、どこにそんな処方があるのですか。景岳全書でご覧になったのですか。青嚢訣をお求めになったのですか」。

「はい、それは、どんな本にでも書いてあることです」「どんな本にでもあるなんて、私は、この年になるまで、医書ばかりを読んで生涯を過ごしてきたけれども、そんなことはどこにもありません」。「はい、そうでしょう。そのように書いてある個所はないですが、熱は熱で治し、冷は冷で治すことは（以熱治熱、以冷治冷）、医家の常識ではないですか。実は私は、昨日、旅立つところでしたが、うわさを聞いてみると、新郎は必ず病気になると思いました。人は、環境があまりにも急激に変わると、病気になるもので、旅立つのを遅らせたのです。すると、果してこの大騒ぎで、きっとそうだろうと思って来てみると、やはり新郎が悲しみを飲み込んで、食あたりになっていた。新郎が屋敷を覗いてみると、非常に立派だ。見渡すと、重ね重ねに積まれた財宝がすべて自分のものだ、隣りで寝ている花のような美人は自分の妻だ。見渡すと、ついこの間まで道ばたで物乞いをしながら歩きまわっていたことを考えると、涙があふれでてくるのだが、初夜に新婚夫婦の部屋で泣くことはできない。ぐっと我慢していたら、がちがちに固

まってしまったのです。ですから、熱は熱で治すように、悲しみは悲しみで治さなければならない。悲しみの中でも寡婦の悲しみが一番深いではないですか。高麗人参を二匁つけるか、三匁つけるかは医者の判断ではないですか。それで、五十人ほど連れてこなくてはならないと判断しただけです。これから新郎が環境に慣れるには、まだしばらくかかることでしょう。私は、忙しいので旅立ちますが、後のことはみなさんにおまかせしますので、対処してください。

李景華は、純祖の時、実在した人物で、『広済秘笈』という本まで書いた方だが、この人にまつわるとんでもない伝説がもう一つ伝わっている。

彼は、独特な秘方を多く使ったとのことで知られるが、息子の嫁が自分がいない間に病人に薬を処方したといって、嫁に針を打って唖にしてしまったという。このことが発覚して、死刑になったというのである。

（李勳鍾　一九六九）

【文献資料】

①李勳鍾　一九六九年　一五一～五六頁（一九四五年に記録）

【話型構成】

Ⅰ．（1）平壌で一番の金持ちが一人娘の聟を探しまわって、やっと織物店の店員を迎えることにした。（2）結婚式の日、聟が急死したので同席した名医が診断した結果、寡婦五十人を集め、お金を払ってわざと泣き声を出させた。（3）聟は生き返った。医師に、聟が死んだのは自分の低い身分から急に高い身分に変わったからであり、寡婦たちを泣かせたのは彼の興奮を鎮静させるためだといった。

【解説】

不思議な術をつかう名医の奇談です。李景華は実在の救急医療の名手で、一七九〇年に救急医学専門書『広済秘笈』を著しました。

韓国の昔話には漢方の名医が登場する話が多く、特にKT250「名医の突拍子もない処方」に登場する許浚と李景華はよく知られています。

許浚は、朝鮮王朝初期の『郷薬救急方』（一四一七年に再版）、『救急方』（一四六六）、『救急簡易方』（一四八九）、『救急易解方』（一四九九）、『村家救急方』（一五三八）などの成果を受け継ぎ『諺解救急方』（一六〇七）を刊行し、それまでの救急医療を体系化したとされます。

李景華はこうした医療を受け継いだ名医であったのでしょう。

KT250「名医の突拍子もない処方」で許浚が指示した「将棋盤と背負袋を煎じる処方」や、李景華の「寡婦を集めて泣かせるという処方」はいずれも荒唐無稽ですが、二人が果たすのは瀕死の患者を救う救急医療であり、こうした話を語る人々が「漢方医師の救急医療の奇跡」を深く信じていたという話の背景には驚かされます。【樋口】

▲刺した銭

691
＊無蛙（アムゲ）という号

KT 802 無蛙

むかし、ある試官が、科挙試験の採点をしていたところ、中に文章がとても上手な士人がいた。その署名を見ると、無蛙（アムゲ）と書いてあった。たいへん奇妙な名前なので、その士人を呼んで無蛙と号をつけた由来を聞いた。

士人はこんな話をした。

「むかし、カラスとウグイスが互いにのどを競って、自分の鳴き声がよい、お前の鳴き声は俺の鳴き声には及ばないと争っていたそうです。そして、互いに争ってみても判定がつかないので、鶴先生のところに行って判断してもらおうとしました」

「この時カラスは、いくら考えてみても、自分の声はウグイスの声には及ばず、負けそうなので、蛙一匹を捕まえて、鶴を訪ねて蛙を差し出して、いついつウグイスとのど自慢をするために鳴くので、その時にはよろしく頼むとお願いしました」

「のど自慢の当日、ウグイスとカラスは鶴のところに行って鳴いてみせました。まず、ウグイスが鳴

いてみせると、鶴は、古典に『打起黄鶯児、莫教枝上啼、啼時驚妾夢、不得判遼西』とある、従ってお前の鳴き声はよくないといい、カラスが鳴いてみせると、『啼烏復啼烏、反哺其慈母、鳥中之曽母』というから、お前の鳴き声がよいと言ったそうです」「ところで、私には試官に差し上げる蛙がありません。だからこのように、無蛙と名前を書いたものです」。

（任哲宰　一九七一）

【文献資料】

①任哲宰　一九七一年『韓国民俗総合調査報告書（全北篇）』六七七～七八頁（一九六九年八月十日に、全羅北道茂朱郡茂豊面県内里で河千秀（六六歳）に聞く）（＊『韓国の民俗大系（全羅北道篇）』任東権・竹田旦訳　七二二頁）

②Eckardt　1928　pp.23－24

【話型構成】

I．（1）ある試験監督が採点をしていると、とてもよくできているのがあったので名を見た。無蛙となっている。（2）それで彼を呼んで作名のわけを問うと、「むかし、烏と鴬が声比べをしたが、勝負が決まらなくてこうのとりの許に行った。（3）烏は自信がなかったので蛙一匹を捕らえこうのとりに捧げ、よろしくお願いした。（4）こうのとりは烏が上手だと判決した。しかし、私には能がないので無蛙としました」と答えた。

【ヴァリアント】

I～III．賄賂をやらなかったせいで、無念にも罪をかぶせられた人が、裁判官の前で、コウノトリが賄賂を食べて、不正な裁判をした話をして、幸いにも無罪になった②。

【解説】

科挙の審査の不正を痛烈に皮肉った笑い話です。無蛙と名乗る受験者が、最初の引用した「打起黄鶯

児、莫教枝上啼、啼時驚妾夢、不得判遼西」は、唐代の金昌緒の詩で「私の夢を驚かせる鶯を追い払いなさい」と、鶯の歌を非難しています。これに対して次の「啼烏復啼烏、反哺其慈母、鳥中之曾母」は、やはり唐代の白居易の「慈烏夜啼」を踏まえたものと思われますが解読不能です。しかし、「慈烏反哺（情け深い烏は、幼い時に親が与えてくれた餌を親に返す）」という白居易の詩から生まれた熟語が人口に膾炙していることを見ても、これが烏を讃えた詩句であったことは間違いないと思われます。

　カラスとウグイスの歌の優劣の審判を引き受けたコウノトリが、生半可な漢文の知識を使って、ウグイスを貶め、カラスを讃えたものの、馬脚を現したという話です。【樋口】

692＊真の友

KT 803 真実の友情・父子型

むかしあるところに父と子が住んでいた。父は子に「友だちをつくるには、あちこち歩いて食事をしてまわれ」と言った。こんな暮らしをして三年がたち、ある日、父親は息子を呼んだ。そして「その後どれくらい友だちができたか」と尋ねた。息子が「数千人の友だちと知り合いになったと思う」と言うと、父親は「いまから、おまえの友だちが、どのくらい多いか試してみよう」と言った。

家で飼っていた大きな豚の毛を抜いて、かますに入れて息子にチゲに背負わせた。そして息子に「一番親しい友だちの所に行って、やむをえず人を殺したので死体をかくまってくれないか」と言ってみろと指示した。

息子は父親の言うとおり一番親しい友だちの所へ行って、その話をした。すると、この友だちは「自分までたいへんなことになる」と断って、早く出て行けとせきたてた。

ほかの友人の所にいっても、みな薄情な態度だった。それでしかたなく、豚を担いで家に帰った。

これを見た父親は自分を見よと言って、豚を背負って自分の友だちの所へいった。そして「人を殺した」と言うと、友だちは「早く入れ」と言って、死体をオンドルの煙道に埋めようと言うのであった。

これを見た息子は、なにも言うことができず、父親は「真の友人とのみ交際し、名目だけの友人付き合いはするな」と言った。

（任東権　一九七二）

【文献資料】

①任東権　一九七二年　二八八〜八九頁（一九五五年八月十九日に、忠清南道禮山郡禮山面夕陽里で李姓の六二歳の女性に聞く）（＊『韓国の民話』熊谷治訳　二〇九頁）

②山崎日城　一九二〇年　六四〜六八頁

③金光淳　一九七八年　一二五〜一二六頁（一九七五年に慶尚北道大邱で記録）

④崔雲植　一九八〇年　二五〇〜五三頁（一九七一年に忠清南道興城で記録）

【話型構成】

Ⅰ．（1）父は子に真実の友人を作れといった。（2）三年後、息子は何千人の友を作ったと自慢した。（3）父は確かめるため、死体をかますに入れたふりをして友人の所に持って行き、わしは殺人をした、わしとこの死体をどこかに隠してくれないかと頼んでみろ、といった。（4）息子は何人かの友を訪ねたが、皆に断られた。（5）父は自分の友に同じ方法を使った。すると父の友はすぐに温突の下に隠してくれた。

【解説】

友だちの数を自慢する息子に、父親が真実の友を見極めるよう説く話です。『ゲスタ・ロマノールム』を初めとするヨーロッパの説話集に見られるだけでなく、中東を経て、インド・東南アジアにまで広く分布する「頼りにならない友人たち」（ATU893）の類話ですが、日本の沖縄や鹿児島などに伝わる話は、仲の悪い兄弟が仲直りする話になっています。

沖縄本島の中城に伝わる話では、弟が畑を荒らす者を殺したと思い込み友人たちに相談しますが、誰も相手にしません。しかたなく仲の悪い兄に打ち明けると急いで一緒に現場に行ってくれます。そしてよく確かめると畑荒らしの正体は大ウナギだったので、二人は仲直りして、近所の人たちにウナギを振る舞ったというのです（「兄弟の仲直り」大成182）。同じ話型の話が、韓国では親子譚、沖縄では兄弟譚になっていることが興味深く思われます。

中国では少数民族も含め広く伝わっている話です。四川省のチベット族の話でも、韓国と同様、父親が息子を諭す話になっています。

多くの友達がいることを自慢している息子がいました。父親がある日、息子に豚の血を浴びさせて、人殺しをしたので助けて欲しいと友達に告げて回らせます。しかし友達はだれも息子を助けようとはしませんでした。そこで父親は息子を自分の友人の所へ行かせます。すると父の友人は息子を助けてくれたので、息子は金で作った友達は真の友でないことを悟った、という話です。

【斧原・樋口】

【話型比較】 大成182　池田893　通観167　金893

693 *ほんとうの友達

KT 804 真実の友情・友人型

むかしあるところに、貧乏なソンビがいた。ある日、この家に乞食のようにボロボロの身なりをした男が訪ねてきたが、その人はむかしの親友だった。

その友は「乞食の格好でやってきてすまないね。実は立ち寄るまいと思ったのだが、君がここに住んでいるのを思い出して、つい立ち寄ってしまったんだ」と言った。

貧しいソンビは「知っていながら寄らずに黙って通り過ぎることはなかろう」と言って、妻を呼んでお酒を買ってくるようにと言った。もちろんソンビは妻に一銭のお金もないのを知りながら、あまりうれしい客だからそう言ってしまったのだ。

二人の親友が、むかしのことを楽しく話していると、外で女の泣く声が聞こえたので、びっくりして出てみた。するとソンビの妻が庭に倒れて泣いていて、横にはやかんに入っていたお酒がひっくり返っていた。ソンビがわけを尋ねると、妻はさらに悲しそうに泣きながら「お酒を買うお金がないので、髪の毛を切って売って酒を買い、急いで帰ってきたら、庭石につまづいてお酒が全部こぼれてしまったの

です」と言った。

その話を聞いた親友は、とても感動して言った。「私はいま、科挙に合格して官職につき、帰る途中なのだ。乞食のように貧しい姿をして訪ねてきても、喜んで迎えてくれるかどうか試してみようと、わざとこんな格好をしてきたんだ。お酒を買うお金はいくらでもあるから心配しないで下さい。そうして、君が科挙に合格するときまでの生活費を出すから、心配せずに一生懸命に勉強してください」

この話を聞いた夫婦は驚きながらも、たいへんに喜んだ。

生活にゆとりのあるときは友人が多いが、苦しくなったり貧しくなったりすれば、友人はなくなったり減ったりするのが普通だが、この親友はそうではなく、ほんとうの親友だった。

それで、ソンビもやがて科挙に合格して、よい暮らしをして死んだという。

（任東権　一九七二）

【類話】「金政丞と李政丞」

むかし、ソウルに金政丞と李政丞が住んでいた。二人は親友であったため、もしこれから各々男女の子供が生まれたら査頓（姻戚・婚家間柄）を結ぶよう固く約束した。

ところが何かの過ちで金政丞が罷免され田舎に配流された。金政丞が辿り着いたところは江原道春川のヌリ峠だった。とても交通が不便で、人影もない山奥だった。ここに荷を下ろして小さな小屋を建てた。

李政丞は金政丞が自ら罪を犯したわけでもないのに、責任を負って罷免されたことを悔しく思って、彼を慰めるためにある日旅に出た。

李政丞は、苦労を重ねて山深いところに着いて、人に尋ねた。「この辺にソウルから来た金政丞という人がいますか」。山仕事をしていた百姓は「峠を越したら小屋が一軒あるはずです」と答えた。李政丞はまた峠を越えた。すると果たしてそこに小屋があった。「すみません金政丞はいますか」と尋ねたら、夫人が出て来たので二人はびっくりした。

夫人はお腹が満朔（産み月）であった。夕暮れになって金政丞が畑仕事から帰って来た。二人は再会を祝したが部屋一つに台所一つしかない小屋だから、李政丞は帰る支度をした。すると金政丞は「本当にしばらくだから、今晩は一緒に世間話でもしながら、夜を明かそうじゃないか」と誘った。しかし満朔の夫人もいるので、李政丞はとてもその気になれなかった。

すると金政丞は掛け布団を持って来て部屋を二つに分けた。下の方には夫人がいて、上の方に金政丞と李政丞が談笑を交わした。夜中になるころ産気があって夫人が男の子を産んだ。翌日、李政丞は朝早くソウルに立った。

実は李政丞の夫人もそれからお腹に子どもができて、女の子を産んだ。李政丞はかつて二人で固く約束した査頓になることを思い出した。今は政丞の地位を追われ、罪人として配流生活を営んでいても、約束は守らなければならないと考えていた。

歳月が過ぎて金政丞の子供が十七歳になった時、金政丞は婚姻の申し込みを李政丞に送ってよこした。李政丞の夫人は内心反対したが、両班の家柄では破約はありえないことだと言い、李政丞はすぐに返事を送り、択日（吉日を選ぶこと）に必要な娘の四柱（生年月日と時間を組み合わせ吉日を決める）を送った。

それから結婚の日取りが決まり、ソウルの李政丞の家で式が行われた。花婿は、まるで乞食のようで花嫁の母は心を痛めたが、どうしようもなかった。庭で式を終え、妻の家で初夜を過ごし、江原道の山奥にやってきた。二人のために小さな部屋ができた。花嫁はとても教養が高く、貧乏暮らしをしながらも、一緒に働きながら住むこととした。

一方ソウルでは、一人娘を山奥に、しかも貧しい家に嫁がせては、一日も心が安らぐことはなかった。数ヵ月して、李政丞は娘のことも心配で、友人の家を訪ねることにした。行ってみると、考えたより娘がとても楽しく暮らしていたが、金政丞と婿は不在だった。娘に尋ねると、「その奥の谷間に勉強部屋を一つこしらえ、そこで父子が勉強しています。あとしばらくすれば戻りますから お待ちください」ということだったが、李政丞は我慢

できず勉強部屋を訪ねることにした。

そして勉強部屋に来てみると、父子が真剣に勉強していた。邪魔をしたくはなかったが、若い婿の勉強ぶりに感心した李政丞は二人に合図して顔を合わせた。聞いてみると、婿は来年の科挙に応試するとのことだった。李政丞は喜んだ。

ついに科挙の試験日がやってきた。金少年は、親から厳しい指導を受けていたので、実力はすぐれていた。彼は最年少だったが最高点で合格した。

金政丞の家は、この少年のおかげで再興を果たした。王様は利口な彼に慶尚監司を命じた。監司の地位に着いた金少年は、政治をよく治め、評判のよい官吏になっただけではなく、多くの子供も出来て幸せに暮らしたということだ。

（崔仁鶴　一九八四）

【文献資料】

①任東権　一九七二年　二四六～四七（一九六七年八月十七日に、忠清南道天原郡聖居面松南里で李徳喜に聞く）

②崔仁鶴　一九八四年『民話の手帖・22号』一〇六～〇七頁（一九八三年八月に、京畿道奄尾里で孔徳天（七四歳・男）に聞く）

【話型構成】

I．（1）ある貧しい家に旧友が乞食の姿で訪ねてきた。（2）貧しい家の主人は喜んで迎え入れ、妻に酒宴を頼んだ。（3）しばらくして妻の泣き声が聞こえるので訳をきくと、お金が無くて髪の毛を売ってやっと酒を買ってきたが、倒れて全てご破算になってしまったという。（4）これを見ていた旧友が正体を現し、自分は科挙に合格して田舎に帰る途中、友情がいまもなおあるか否かを確かめるためによったのだという。

【解説】

たとえば『走れメロス』のように、つよい友情の絆で結ばれた二人の男の話は韓国や日本、あるいは中国だけではなく、世界中に広く見られますが、韓国のこの話は「対照的な状況に置かれた二人の両班」の友情譚であるところに韓国らしい特色がみられると思われます。

この話の舞台となる朝鮮王朝時代は、科挙によって登用された官僚（文官）や家柄によって地位を得た功臣の

末裔たちの激しい権力争い（党争）が繰り広げられ、政丞のような高い地位を得た者も、理由のない誹謗中傷や策略によって死を賜ったり、地位を追われて配流されることも稀ではありませんでした。

しかしその運命の急変も、時代が変れば再び中央に帰還して名誉を回復することも可能でしたし、なによりも子弟が研鑽して科挙によって高い評価を受ければ、父親をしのぐ高位を得て、一族を率いて都で栄華を極めることが出来ると信じられていたのです。

一九八〇年代の初めに崔仁鶴にこの話を語った孔徳天さんの住む奄尾里は、村の入口にはチャンスンと城隍壇、そして堂山木のあるソウル郊外の典型的な村でしたが、現在は観光客の訪れるリゾートに変貌しつつあります。孔徳天さんが亡くなられた後には、もうこうした両班の夢や科挙の力を語る語り手は生まれることはないと思われます。【樋口】

694 ＊米を一斗

KT 805 米一斗

あるところに二軒の家が前後してあった。後の家の暮らしはまあまあ良い方だったが、前の家はとても貧しかった。

ある日、前の家のおくさんが後の家のおくさんから米一斗を貸してもらった。ややあって前の家のおくさんが急病で米一斗を返さずに死んだ。後の家のおくさんは貸した一斗の米を返さずに死んだ彼女をいまいましく思っていた。しかし、死んだものは仕方がなかった。

ところで、前の家のおくさんの墓はちょうど後の家からよく眺められる場所にあった。後の家のおくさんが扉を開くたびにその墓が見えた。その都度、米一斗のことが思い出された。それで、「あのおくさんがお米一斗を借りっぱなしで死んだ」と独り言をいった。それも一度や二度ではなく、墓を眺めるたびに独りごちた。

とはいえ後の家のおくさんも、今さら前のおくさんに対し、怨みがあったり憎んでそのようなことを言ったのではない。自分では忘れようとしたが、目の前に墓が見えると、あのおくさんがお米一斗を借

りっぱなしで死んだ、という思いがふと湧きでてくるので、仕方のないことだった。

ところがある日、前の家の娘が後の家に訪ねてきた。前の家のおくさんはまだ幼い女の子を残したまま死んだのである。少女は後の家のおくさんのところにくると、「おばさん、私の髪の毛を切って下さいませんか」と言った。後の家のおくさんははさみで長い髪の毛を短かく切ってあげた。すると、少女は切った髪の毛を両手に持って、後の家のおくさんに、「おばさん、もしこの髪の毛を売るとして、お米一斗の値打ちがあるのでしょうか」と聞いた。後の家のおくさんはなにも気付かずに、「もちろんだよ」と答えた。

「ではおばさん、この髪の毛を母が生きていた時に借りたお米一斗の代金として受けとって下さい」と少女は言うと、後の家のおくさんのひざの上で息を静かにひきとってしまった。

後ろの家のおくさんは、彼女に対してお米一斗のことは口にしたこともなかった。実際返してもらうつもりで独り言を言ったのでもなかった。しかし前の家のおくさんは死んでもその霊魂が常に後の家のおくさんの独り言を耳にしていたので、霊魂とはいえ心が痛んでたまらず、自分の娘に、「後の家に、お米一斗を返してあげなさい。そうすれば、母があなたを連れて行って、一緒に暮らします」と導いたのだ。少女は母と一緒に暮らせるという母の霊魂の話に心を動かされ、髪の毛を持って借金を返したのである。母は約束どおり少女の魂をこの世から連れて行ったのだ。

（崔仁鶴　一九八〇）

【文献資料】

①崔仁鶴　一九八〇年B　七八～八〇頁（一九七三年九月に、全羅南道莞島邑で崔采心〔五五歳・女〕に聞く）

【話型構成】

Ⅰ．（1）前の家は貧乏で、後の家は金持ちであった。（2）前の家の奥さんが後の家の奥さんに米一斗を借りたまま返さずに死んだ。（3）後の家の奥さんは前の家の奥さんの墓をながめるたびに、米一斗を返さず死んだ女だといった。（4）ある日、前の家の娘が米一斗の値打ちのある髪の毛を切って、その場で倒れて死んだ。

【解説】

一斗の米を借りたままこの世を去った母の無念を晴らすために、髪を切って代金を支払い、母の霊魂に誘われてそのまま冥界に旅立った少女の話です。

KT389「歌う喪主と踊る尼僧」にも見られるように、生活に窮した家族を救うために女性が髪を売ることは、かつてはよく行われたことでした。

朝鮮王朝時代の度量衡は現在と異なり、一斗は現在の四升五合（約八リットル）ですからたいした量ではなく、母も隣の主婦に気兼ねなく借り、貸す方の主婦も気楽に貸したのだと思います。しかし借りは借りであることに違いはなく、二人の主婦の間にわだかまりを残し、そのわだかまりのゆえに少女の母は俗世と冥界の間を彷徨うことになったのでしょう。

切った女の髪には、髢（かもじ）にするなど実用的な価値もありましたが、僧侶が剃髪することで俗世を離れることからも分かるように、世俗的な生命の宿るものでもありました。この物語の少女も髪を切ることによって俗世を離れ、母とともに清く他界に旅立ったのではないでしょうか。

【樋口】

【話型比較】 Eberhard 146

695 ＊イフ

KT 806　イフフ

木こりが、山で柴を刈ってから、木を背負い、山を下りて来る途中で一休みをする時、イフフという声を出す。この声は、イフがここにいるという意味だそうだ。イフというのは、とても恐い獣で、虎も食い殺すという。イフは、虎の尻の穴に口をつけて、虎のはらわたを吸って食べるそうだ。そうだから、虎はイフに太刀打ちできない。

人が、イフフと言う声を出せば、虎は、イフがいると思い、近づくこともできない。イフフの声に虎が顔も出せないのだから、ほかの動物は言うまでもない。

（任晳宰　一九七一）

【類話】「ウヨ」

野良で穀物を害する鳥を追い払う時、ウヨ、ウヨと声をかけながら追う。これは、昔、舜王の時代に有弓侯羿という弓の名人がいたが、この人の名前を呼ぶと、鳥はそこに有弓侯羿がいると思って逃げてしまうから、ウヨ、ウヨと声をかけたそうである。ウヨとは有弓侯羿がつまった言葉である。

（任晳宰　一九七一②）

【文献資料】

①任晳宰　一九七一年『韓国民俗総合調査報告書（全北篇）』六〇九頁（一九六九年八月六日に全羅北道茂朱郡茂朱面上里で金奉煥〔六六歳・男〕に、八月十日に茂豊面県内里で河千秀〔六六歳・男〕に聞く）（＊『韓国の民俗大系（全羅北道篇）』任東権・竹田旦訳　六四三頁）

②任晳宰　一九七一年『韓国民俗総合調査報告書（全北篇）』六〇九頁（一九六九年八月六日に全羅北道茂朱郡茂朱面上里で河千秀〔六六歳・男〕に、八月十三日に茂豊面県内里で河千秀〔六六歳・男〕に聞く）（＊『韓国の民俗大系（全羅北道篇）』任東権・竹田旦訳　六四三頁）

【話型構成】

I．（1）きこりが薪を拾って帰ってくる途中で休む。（2）そのときイフという息音を出すが、これはイフがここにいるという知らせだという。（3）イフというのは虎の尻に口をつけ虎の内臓を取り出して食うというとてもこわい獣で、イフの音を出すと虎は絶対近寄らないという。

【解説】

これは任晳宰が一九六九年八月に全羅北道茂朱郡茂朱面上里の金奉煥と茂豊面県内里で河千秀から聞いた話です。その日、河千秀は「イフフ」について、「イフフという声は、木こりだけでなく、農民たちも畑で仕事を終えたり、仕事の最中にも歌をうたいながら、イフという声を出す。恐くて、悪いものたちを近づけないで、逃げていけという合図だそうだ」と付け加えています。

その数日後に河千秀は「ウヨ」の話を語っています。この二つの話を聞くと、猟師や農夫には、「イフフ」や「ウヨ」のような短い魔除けの言葉があったことが分かります。日本でも雷や怖いものを避ける時に「くわばら、くわばら」と唱えたり、疫病を避けるために「蘇民将来の子孫」を名乗ったりするのと良く似ています。

【樋口】

【話型比較】通観340

696 ＊王様の耳はロバの耳

KT 807 王様の耳はロバの耳

むかし、ある国に、ある王様がいらっしゃったのですが、この王様は、耳はとても大きくて、ロバの耳ほどありました。王様は、こんな耳があることをいつも恥ずかしく思い、人が見られないように、いつも頭巾をかぶっていました。ですから、臣下や宮女はもちろん、王妃までも王様の耳が大きいことを知りませんでした。

しかし、王様が髷を直して結うときだけは、頭にかぶった頭巾をとらなければなりません。それで、王様の髷を結う者だけが王様のその大きな耳を知っていたのです。

王様は、髷を結うものが、外で自分の秘密を言いふらすのではないかと心配して、髷を結い終えたら、その者を殺したりしました。

このようにして、王様の耳がロバの耳ほどあるという秘密は、宮廷の外には漏れませんでした。しかし、王様の髷を結いに宮廷内に入ったものは、一人も生きて出てこれないといううわさが広まりました。それで、人々は、王様の髷を結いに宮廷内に呼び入れられることを恐れていました。

ある日、ある人が、王様の髷を結いに宮廷内に来なさいという命令を受けました。この人は、その命令に逆らうことができず、宮廷内に入りました。それで、この人は王様の髷を結おうと頭巾をとりました。そしてこの人は、みな生きて帰れない訳も知りました。

今度も、王様は髷を結い終わると、この人を殺そうとしました。それでこの人は、自分には年老いた母親がいて、その年老いた母親は、自分だけを頼りにして生きているから、死ぬ前に一度だけでも母親に会わせてほしいと王様にお願いしました。王様は、その人の言葉を聞いて、そうしなさいと許しました。その代わり、自分の耳に関する話を誰にも話してはならないと、厳しく命じました。

この人は、王様の前で固く誓ってから、宮廷を後にしました。

家に帰る途中、陽が沈んできたので、道ばたにある、中に大きなウロのある老木の中に入って、夜を明かすことにしました。山中は死んだように静まり返り、人影も全くなく、ひっそりとしているところで長い夜を明かすことほど、つまらないものはありません。いろいろと思い考えたすえ、この人は、王様の耳を思い出しては、一人「ケラケラ」笑いました。この世の中に二つとない摩訶不思議な王様の耳を見ても、その事実を口に出せば殺されるというので、黙っていなければならないのですが、黙っているとウズウズして我慢できませんでした。

そこで、我慢できないこの人は、老木の割れ目に口を当てて、「王様の耳はロバの耳」と、小さな声でつぶやきました。すると、その声が山びこのように響きながら、「王様の耳はロバの耳」と四方に広がっていきました。「しまった。これは、大変なことになった」と叫んでみても、一度口に出したものは取り返しがつきませんでした。

次の日、木こりたちがこの山に木を切りに行くと、老木の中から、「王様の耳はロバの耳」という声がするのを聞きました。

それで、そのうわさは、あっという間に世間に知れ渡りましたが、どの百姓たちも王様の耳が大きいことをあげつらわず、「王様が百姓たちの言葉をより広く詳しく聞くためにそんな大きな耳を持っているのだ」と思い、王様をより敬い、仰ぐようになりました。

王様は、百姓たちが、自分の耳がロバの耳ほどあるということを知っていることを知り、その秘密を明かした、髷を結った人を殺そうとしました。ところが、百姓たちが、王様の耳がロバの耳ほどあることを嫌うどころか、百姓たちの事情をよく聞くためにそのような大きな耳をもっているのだと信じているという臣下の話を聞いて、王様はとても喜び、その髷を結った人を誉め、大きな賞を与えたということです。

（任晳宰　一九七八）

【文献資料】

①任晳宰　一九七八年　第二巻　一一四～一一八頁
②金相徳　一九五九年　一二九～一三三頁
③韓相壽　一八七四年　二三三～四〇頁（一九五九年に忠清南道論山で聞く）
④崔常寿　一九五八年　二二九～二三一頁（一九三五年に慶尚北道慶州で聞く）
⑤李元寿　一七三～八二頁
⑥李相魯　三〇七～一〇頁

【話型構成】

Ⅰ．（1）ある王様の耳が次第に大きくなって、ついに駿馬の耳ほど大きくなった。（2）恥をかきたくないので王様は、耳の下までくる帽子をかぶっていた。（3）帽子を

作った人は絶対内証にしなければならないが、言いたくてしょうがないので、竹やぶに行って「王様の耳は驢馬の耳だ」と叫んだ。(4)それ以来、風が吹くときは竹やぶから「王様の耳は　驢馬の耳」という声が聞こえてきた。王様は竹を全部伐ってしまった。

【古典文献】

『三国遺事』巻二　新羅景文王条

【解説】

これは、ギリシャ神話に登場するミダース王にまつわる話の一つと大変よく似ていますが、十三世紀末に高麗の高僧一然（一二〇六～一二八九）によって書かれた史書『三国遺事』に新羅四八代の景文王（八六一～八七五）の逸話として見える話です。

ミダース王の場合は、アポロンとパーンの音楽の腕比べでパーンの味方をしたので、怒ったアポロンから耳を長くされてしまいます。景文王の場合は王に即位するとすぐに耳が長くなります。ミダースの長い耳はアポロンによってもとに戻されますが、景文王の場合は「ロバの耳」と騒ぐ竹林を切って山茱萸（さんしゅゆ）の木を植えると騒ぎは収まった、とされます。

これほど似た話が、このような早い時期に地中海と韓国に存在することは驚きですが、新羅にはガラスや金銀の装身具を初め多くの古代地中海の文物が伝えられていますから、人や物の移動とともに話が伝播したという可能性は十分に考えられます。

中国ではこの話は、ウイグル族、モンゴル族、チベット族など西北少数民族のあいだに広く伝わっているほか、延辺朝鮮族自治区に住む朝鮮族にも伝わっています。西北少数民族の類話では、王の頭にはロバの耳ではなく、角が生えているというのが一般的です。また、主人公の若者の母親が息子に持たせた菓子の中に自分の乳を入れ、その菓子を王が食べたために、乳兄弟になった若者を殺せなくなった、という趣向を説く場合が多いのが特徴です。なお漢民族には典型的な類話は見いだせませんが、江蘇省には唐の則天武后に驢馬頭をした太子がいて、自分の髪を切った理髪師をことごとく殺していましたが、ある勇敢な理髪師が思いきって剃刀を使うと太子の驢馬頭の皮が剥け落ち、褒美を貰ったという伝説が

あります。

理髪師を殺し続ける王の頭をうまく理髪して褒美を貰う伝承は他にもあって、おそらく驢馬耳王の伝承が形を変え、理髪師の伝承として伝わっていたものと思われます。

【話型比較】ＡＴＵ７８２　丁７８２　金７３４

【斧原・樋口】

697 ＊盲目の占い師と馬子

KT 808 見つけた馬

むかし、申という馬子がいた。

馬子は遠い村へ使いに行った。彼はまもなく還暦を迎える主人の友人に贈り物を渡しに行く途中だった。彼は主人の良い馬に乗って無事に使いを終えた後、途中で一晩、ある田舎の宿場に泊まることになった。そして朝、起きてみると自分が乗ってきた主人の馬はいなくなり、代わりに年とったぱっとし

ない小さな馬がいるだけだった。その上、その馬は片足が不自由で、片目が見えなかった。馬子はそんな馬を連れて主人の家に帰ることはできないと思った。

「どうして私にこんなことが起こるのかわからない」。馬子は宿場の主人に愚痴をこぼした。「今回の旅では、神聖な堂山木には馬の尻尾の毛を一本、手綱の赤い綱を一筋かけておきました。それだけでなく道端の城隍壇に石を積んだり、山神堂では礼拝もしました。しかし、今回の旅は凶の運勢かもしれません。昨晩、夜空に流れ星が落ちるのを見ましたが、それが私に対する警告だったのでしょう」。

馬子は、宿場の主人の言葉に従って厩の神にご飯を一杯供えた。それから彼はその前でお辞儀をしながら祈った。「厩の神様、この供え物を召し上がってください。そして、いなくなった馬がどうしたら見つかるか教えてください」。しかし、かわいそうな馬子には何の答えもなかった。

次の日、彼は巫女のもとを訪ねた。巫女は宿場の中庭で歌を歌いながら踊った。しかし、良い馬は帰ってこなかった。そこで馬子は、今度は判数（パンス）（盲目の占い師）の所に行った。過去や未来を見通すことができる占師だけがこの謎を解いてくれるだろう。彼は、判数に自分の願い事を話した。

判数も他の占い師と同じように謎を解く方法を試みた。始めに八本の筮竹（ぜいちく）の入った鼈甲の箱を揺すり、筮竹に該当する神たちを呼び寄せた。「神様、我々の暗黒に光を照らしてください。この善良な若者の馬を探してくださいませ」。それから筮竹を投げ、指先でそれを一つ一つさぐった。次に判数は蛙のような箱を揺すってから三枚の銅銭を取り出して投げ、やはり指でさぐった。

それから判数は馬子に、「塩を一叺（かます）買って来なさい。そして、お前の主人の良い馬の代わりに泥棒が置いて行った馬の前に塩を置いて、塩を全部食べさせなさい。しかし、その馬に決して飲み水を与えて

はいけない。馬が塩を全部食べたら、馬を放してやりなさい。そうすれば、馬は必ずお前がなくした馬の所に導いてくれるだろう」。

馬子は言われる通りにした。馬は塩を好む習性がある。あくる朝、馬が叺の底が空になるまで塩を食べた後、馬を放して行くがままにまかせた。馬はすばやく駆け出すと、街とは反対方向の村へ行き、ある一軒の家の前で止まった。馬子は大門を開いた。すると馬は飼い葉桶の所に駆けて行って水を飲もうとした。そこには主人の良い馬が繋がれていた。馬子は「これは私の主人の馬だ」と叫んだ。「その馬を差し出さないと、役所に訴えるぞ」。

その家の主人は真相が明らかになると、捕まって尻たたきの刑を受け、辱めを受けることになるので、おとなしく馬を差し出した。

馬子は馬を見つけ、悠々と自分の主人の元へ帰っていった。

(Carpenter　1947)

【文献資料】

①Carpenter　1947　pp.229－234

【話型構成】

I．(1) ある馬子が還暦の贈り物を届けに主人の立派な馬に乗って行った。(2) ある酒居によって一杯飲んでから出てくると主人の馬はいなくなって、かわりに驢馬が一頭あった。(3) 彼は占い師からいわれた通り、驢馬に塩を食べさせ水を飲ませなかった。(4) すると驢馬は自分の家を探して行った。そこで主人の馬をとり戻した。

【解説】

主人の馬を盗まれた馬子が、厩の神と巫女と判数(パンス)に願いを訴えて、判数の助言に従って馬を見つけ出す話で

す。判数は、筮竹を使って占い、神を降ろし、銅貨を使って馬の行方を占います。

この筮竹と銅貨の占いは、巫女もよく使う手法です。しかし、ここで判数が下した託宣は極めて合理的です。馬に塩を与え、喉が渇いたところで後をつけ、飼い主の家をつき止めるというのです。

KT365「牛泥棒を占いで捕まえる」やKT637「少年ウォンニムの裁き」など家畜を奪われた者が犯人を捜す話が少なくありませんが、いずれも占いや神頼みではなく、合理的な知恵の働きによって問題は解決されます。【樋口】

698 ＊オオニヤ

KT809 お爺さんの返事

あるところに、妻をなくしたお爺さんが息子夫婦と一緒に暮らしていた。お爺さんは、嫁がやって来て、「お爺さん、ご飯を召し上がってください」と言っても、「ウム（うん）」と短く答えるだけだった。

息子の嫁は、自分達が仲睦まじければ仲睦まじいほど、お爺さんは、一人でもの寂しく思うのだろうと思い、夫に相談して、お爺さんに妻を迎えてやった。

すると、お爺さんは、その後「お爺さん、ご飯を召し上がってください」と言うと、かならず「オオニャ（うんうん）」と二つ返事で答えるようになったそうだ。

（李動鍾　一九六九）

【文献資料】
①李動鍾　一九六九年　四五～四六頁（一九六八年にソウルで聞く）

【話型構成】
I．(1)お爺さんは、嫁が食膳をこしらえ、食事ですよと声をかけると、常に「ウン」という。(2)息子夫婦は、お爺さんがやもめ暮らしで淋しいからだと思い、新しい婆さんを貰ってあげた。それ以来、食事ですよと声をかけると、「はい、はい」と喜んで出てきた。

【解説】
少し前の韓国社会では、まず大切にしなければいけないのは祖先の祭祀で、つぎは親孝行でした。自分たちを慈しみ育ててくれた親は、なにものにも代えがたいもので、わが身だけでなく、子どもの命を捧げることも厭わないのが美徳だったのです。

こうした規範の中では、子どもにはもちろん孝養を尽くす義務がありますが、親の方にも若い世代を思いやる、保護する、指導するという義務が生じます。その義務の証しの第一が、鷹揚に構えて、何に対しても「オオニャ（うんうん）」と答えることなのです。

この「オオニャ」が聞かれないのは、老人の体力や気力の衰えの兆しです。

この話に登場する若夫婦は、父親に再婚相手の世話をして再び気力を与えますが、この「孝」は、ＫＴ３９０の「七兄弟の善行」の橋を架けて母親の夜這いを助けた話と同じく、儒教的な孝の規範からは外れた「情」に基

づく孝です。こうした「情」を語る話は、韓国の人々の世界観を知る上で不可欠であると思われます。【樋口】

【話型比較】通観762

699 ＊叩かれたチャンスン

KT 810 叩かれたチャンスン

窺岩李氏（キュアム）が郡守に任命され任地に向かっていた時のことだ。あるところにさしかかったとき、一人の男がチャンスンの前に焼紙を捧げていた。郡守は不思議に思って、そのわけを尋ねた。「おまえはどういう事情があって、チャンスンに焼紙を捧げているのか」。「実はわたしは旅の途中なのですが、このチャンスンの前に銭袋をおいてちょっとの用を足して戻ってくると、それがなくなっておりました」。「ウーム、それで、チャンスンにその銭袋を捜してくれと祈っているところかな」。「はいそういうわけです」。

郡守はしばらくなにか考えている様子だったが、いきなり大声で「このチャンスンを引き立ててこい」と部下に命じた。

部下たちは郡守の命令だから仕方なく、チャンスンを引き抜いて、役所の庭まで運んで来た。そして郡守は座につくと、ただちに「これをむちで三十回叩け」と命令した。

部下たちは、郡守のやりかたが常軌を逸していると思ったが、笑いをこらえて命令に従った。

郡守は、「たとえチャンスンといえども、年に何度かは祭の供え物を受け取っているのだから、その分、人間の役に立たなくてはいけないのだ」と言って、つづけて叩くよう命じた。

このとき、近くの家に潜んでいた銭泥棒が、急に腰が痛いと泣きはじめた。腰はどんどん痛くなり、最後には息が絶えそうになった。

ついに泥棒はがまんできず、これは神罰に違いないと思い、「お母さん、この銭袋を、今すぐチャンスンのところに置いて来てください」と頼んだ。

そこで泥棒の母親が、盗んだ銭袋をチャンスンの前に置いてきた。すると、腰の痛みは嘘のように治ってしまったそうだ。

（崔仁鶴　一九八〇）

【文献資料】

①崔仁鶴　一九八〇年B　六一～六三頁（一九七三年五月に、忠清南道青陽郡で李斗衡〔六六歳・男〕に聞く）

【話型構成】

I．（1）チャンスンの前である男が焼紙を捧げているので通りかかったウォンニムが訳をきいた。（2）チャンスンの前に銭袋をおいてちょっとの間用便を済ましてくる

と銭袋がなくなっていたという。⑶ウォンニムはそのチャンスンを引き抜いてこいと命じ、それをむちで叩いた。⑷盗んだ者は急に腰が痛くなってたまらなくなって、銭袋を返した。すると腰の痛みがなくなった。

【解説】

チャンスンは、日本の道祖神や庚申塚と同じく韓国の村の入口に立ち、村に疫病などの悪いものが入らないように守る神ですが、KT590「チャンスンの訴え」等に見られるように、村人とともに暮らし親しまれる人間的な性格をもった神で、柳田國男の『遠野物語』のコンセイサマやカクラサマを思わせます。この話でも、郡守に叩かれた痛みに耐えかねて、盗人の腰に痛撃を与え、御利益を発揮します。

旅人がチャンスンに捧げる焼紙というのは、きわめて薄い紙で、願い事を込めて火をつけると空に舞い上がって願いを天に届けます。韓国では、巫堂（ムーダン）が祭祀の折によく用います。

またここで窺岩というのは、窺岩出身の李氏という意味ですが、「窺岩李氏」はよく知られた名族ではないようです。しかし窺岩は百済の首都であった扶余の白馬江を挟んだ対岸にあり、朝鮮王朝時代は大規模な市が立ち、人と物の集積する所でした。これもまた、周囲から人と物を集めた遠野の村とよく似ています。【樋口】

700 ✻貞婦訓練　第一課

KT 811 女の操

尹宰相に数人の娘があった。ある時、朝廷の百官ことごとく威儀をただして整列し、王の輿を迎えたことがあった。巷の男や女は、それを見ようとわれ先にと押しかけた。宰相の娘たちも同様で、化粧をして服を改めて見物に出かけようとしていると、宰相が娘たちを呼びつけて言った。

「お前たちが見たいと思うのは悪いことではない。が、一つ話したいことがあるから聴いてくれ。むかし、ある国の王が高さ八尺の木を庭に植えて、これを素手で引き抜いた者に千金をやろうというお触れを出した。朝廷にいた士人や力持ち連中が賞金にありつこうと競ったが、誰ひとり抜ける者はなかった。見ていた一人の占い師が言うには『貞女でなければ抜けません』。そこで、城中の女どもを全部庭に呼び集めたのだ。が、多くの女たちは遠くから木を眺めただけで潔くあきらめてしまうし、また他の女どもは近寄って手でちょっとさすってみただけで、これも棄権してしまった。ところが、たった一人えらい女があって『私は完全な貞操を持っていますから』と言いながらその木を揺すぶると、なるほどだいぶ動くのだ。しかしどうしても倒れないのだ。その女は天を仰いで歎いた。『私の貞操に汚れのな

いことは、神様がよくご存知のはずでございます。それなのに木が抜けないとは、私はもう生きていたくありません』と、さめざめと泣いた。すると占い師は『なるほど、あなたは疚（やま）しい行為はなかったでありましょう。が、しかしです、きっと誰か男の容貌を見て、愛しく思い、いまもって忘れられない人があるに違いありません』。それを聞くと女はハタと膝をうって『なるほど、そうおっしゃると、いつか私が門の所に立っていた折に、道を一人のお武家さまが弓矢を腰にして馬に跨ってお通りになりました。細目長眉、容姿俊逸、なんとも言えないような殿御。まあ、あんなお方と連れそうことが出来たらなんて幸せなことだろう、と思ったことがありました。それ以外には金輪際何事もありません』

占い師は『そうであろう。それだから抜けないのです』と言う。そこで女は、いっそう心を励まし、誓いを立て心身ともに完全な貞女になり、とうとう自ら進んで木を抜いたという話だ。そこでお前たちに聴きたいのだが、お前たちは男ぶりのよい若者を見て、『あの人と一緒に』などと思わずにいられるかね」

聴き終わって娘たちは黙って顔を見合わせていたが、誰ひとりとして外に出た者はいなかった。

（森川清人　一九四四）

【文献資料】

①森川清人　一九四四年　二四三～四五頁

【話型構成】

I．尹大臣と娘たち。（1）尹大臣の家には数人の娘がいた。（2）ある日朝廷の官吏が正装で王様を迎える行列があった。（3）娘たちが外に出てその行列をみようとすると、大臣は話をはじめた。

Ⅱ. 操の貞節な者が引き抜け。(1)昔、ある王様が庭に棒を立て、これを引き抜いた者には千両を与えるといった。(2)しかし、これを引き抜くには女の操を守った人でなければならない。(3)ある女が自信たっぷりで出たが、失敗した。そこで占い師が彼女に、すてきな男をみて夫にしたいという考えをもったことはないかと問うと、あるという。(4)その後、彼女はよく修道してついにその棒を引き抜いた。(5)大臣の娘たちはその話を聞いて誰も外に出なかった。

【古典文献】

成俔『慵斎叢話』(＊梅山秀幸訳「娘たちへの貞潔の教訓」二九三頁)

【解説】

この話は成俔の『慵斎叢話』に見える逸話で、それを森川清人は原文にきわめて忠実に紹介しています。ここで尹大臣というのは、朝鮮王朝初期に世祖に仕え文官として最高位の領議政にまで登りつめた功臣・尹子雲(一四一六～七七)を指すものと思われます。

当時の両班一族の女性たちは、内房（アンバン）という主婦の部屋とプオクという台所を中心に、アンマダンという内庭を囲んだ「内棟（アンチェ）」という女性たちの閉鎖的な領域で生活し、稀に外出する時には「チャンオ」または「チャンイ(長衣)」という外套のような被り物で顔と身体を隠さなければなりませんでした。やむをえず家族以外の男子と話す場合は、第三者を介さなければなりませんでした。

こうした規範は、上流階級になればなるほど厳しく守られていたので、尹大臣のような高位の両班一族の娘たちの生活は、現代の私たちの想像をはるかに超えるものであったはずであり、それを良しとするのが、朝鮮王朝の表向きの世界観でした。【樋口】

701 ＊物語の妖精

KT 812 イヤギ（話）の精霊

ある金持の家に一人の少年がいた。物語を聞くのが大好きで、聞いた物語はひとつひとつ覚えておりながら、人に語った事は一度もなかった。そして人の物語を聞くたびに「物語を貯蓄するんだ！」などと言って、腰の細帯にぶらさがっている巾着の口を開けて、その中に物語をおし込むのであった。そして逃げられないようにと、巾着の紐を結ぶのであった。

少年は、だんだん年をとってきて、十五、六歳のころ結婚することになった。いよいよ明日は馬に乗って花嫁の家で挙行される結婚式に行くことになった。それで、少年は古着をみな脱いで、新しい着物に着換えたりして、忙しく準備していた。物語をたくさん詰めてある帯の巾着を壁に掛けておいて、友人の所に急用で行った。

この家には、少年が赤ん坊であった時からつかえていた一人の忠僕がいたが、ちょうど少年の留守中、少年の居間の前にかけてあった釜に火を焚いていた。その時、居間のうちで不思議な囁きが聞こえてきた。忠僕は耳を傾けて、じっとその声を聞いていた。

「おい君たち、明日は奴の結婚式だね？　巾着の中に、僕らをこんなに詰め込んだ。ひとつ困らしてやらないか？」

「おれもそう考えていたのさ！　明日は奴が馬に乗って行くだろう。そしたら道の途中で、おれは綺麗なイチゴになって、真っ赤に道端に実ってやるのさあ！　そしたら奴は食べたくて、ホラあね？……食べたら、奴を殺してしまうよ！」

「でも、死ななかったら、今度はおれが、道端の清い井戸水になって、それに小綺麗な瓢箪（パガチ）を浮かばせてみせる。すると奴は喉が乾いて水を飲む、そうして奴を苦しませるんだ」

「お前達が失敗したら、今度はおれが真っ赤に錬えられた鉄の火ばさみ（プルソン）になって、奴が馬から下りて立つ籾俵（もみだわら）の中に隠れている。そして奴の足を焦がしてしまうのだ！」

「皆さまは、おのおの得意な手腕をみせるが、おれは細長い糸蛇になって上房（新郎新婦の室）の張板（油をしみこませたオンドルのはりがみ）の下に隠れて、二人が寝始めたら奴を毒牙で噛む事にします！」

このように、壁に掛けてある帯の巾着の中から、今まで我慢して詰め込まれていた物語の妖精たちが囁いていた。これを聞いた忠僕はびっくりして「これは大変だ。明日はきっと自分が馬子になろう！そうしないと若旦那を殺す事になるんだから……そうだ、いかなる事があっても、自分がついて行くんだ」と独り言をいって、主人を救うと固く決心をした。

翌朝、太陽がまだ昇らない前から、結婚行列の準備が出来て、皆は出かけることになった。忠僕は飛んできて、新郎の馬をひくことになっていた馬子のかわりに、自分がその手綱をひきとって「旦那、今日はぜひ私がついて行きたいのですが……私が馬子になります！」と言った。上客（新郎の保護者、普通父

親がなるが、親戚の年長者が代る場合もある）は忠僕を叱りながら「お前は家の仕事を手伝いたまえ、馬子になった事はないいんだから」と言った。

それでも忠僕は「でも旦那、今日だけは私にまかしてください。死んでもお供しますよ」と断然言いきって、すぐ馬に鞭を打ち始めた。上客も仕方なしに忠僕を新郎の馬子にさせて動きはじめた。

忠僕は飛ぶが如く速足で馬を牽いた。一里ほど行ったかと思うと、路傍に真っ赤なイチゴが枝いっぱい実って、ふと新郎の眼をひいた。新郎は涎をたらしながら「ちょっと馬をとめて、あのイチゴを取ってこないか！　よく熟しているね」と言い、上客も同じくイチゴを欲しがった。忠僕は「ここだ！」と思って鞭を強く打ちながら「遅くなります、もう日が高く昇ってきます。そんなものは後でも、たくさん取れるじゃありませんか」と言って、無事にそこを通った。

新郎は馬子がとんでもない奴だと不平を言いながら、我慢して一里ほどきた時、ふと眼にとまったのは、跡傍に清く小波をうつ井戸であった。それには小さな水汲みの瓢箪が軽く浮んでいた。新郎は急に喉の渇きを覚えて、「おい、あの井戸水を一杯くんでこい、喉が渇いてたまらないから……ああ、なんと涼しそうな水じゃ、さあ早く、今度も聞かないと、ひどい目に逢わすぞ！」と、まるで水を飲まないと死ぬかのように叫んだ。

「はいはい、あの木蔭の下に行ってからにいたしましょう。そこでお休みなさい」と言いすてて、馬に鞭をひどく使ってかけ出した。四、五町もある木蔭のところに達してもとまらずに、全速力で走った。

「今すぐ宿でも見えるでしょうから、そこで水はいくらでも飲んでくださいませ！　もう正午近くになりました」

そして忠僕は二度目の難関を無事に通過した。それからちょうど正午頃、新婦の家についた。新婦の家では庭に天幕（空飛ぶ邪悪の火龍の影が式場や新郎新婦におちないように）を張って、人々が群がっていた。忠僕は馬を庭に入れて、新郎が馬からおりて最初足をつける例の籾俵（これは、やはり特別な風俗で決して地を踏まないために、不幸の邪魔を払いおとすためで、籾俵を新郎が馬からおりる踏台にしておき、それからすぐ莚に渡ってくる）の傍に立って、新郎が馬からおりて、足を踏みおろそうとした瞬間、新郎を「どっ！」とおして、籾俵には足をつけさせずに、すぐ莚の上に落ちるようにした。

そのために、新郎は莚の上に倒れて、顔を真っ赤にし、群衆の眼のまえで恥をかかされた。新郎は、忠僕の無作法に三度まで悩まされて、心中はなはだ怒気を覚えたが、まさかそこで叱る事も出来ず、黙って式場に臨んだ。式は無事に済んだ。そして宴会は終り、日は暮れて、客は帰り、夕飯をすまして、上房には新郎新婦の甘い囁きが始まって、夜は更けて行った。

忠僕は、その時すでに剣を準備して、上房の縁側の下に這い込んで、新郎新婦の寝静まるのを待っていた。やがて灯は消され二人は床につこうとしていた。その瞬間、忠僕は這い出て上房の障子をぱっと開け、張板を引っくりかえして、大きな剣を振り廻したかと思うと、（――その時二人は、剣を持った盗賊と間違えて叫び出し――）忠僕は大きな蛇を切って投げつけた。

家中のものは馳けつけてきた。灯を持ってきた時、大蛇と思っていたのは、細長い無数の糸蛇が柱のように巻き合っていたものであった。糸蛇たちは、赤口を開けて、黒い二叉の舌を動かしながら、四方八方に這い出した。忠僕は気狂いのように、飛びまわって、数百の糸蛇を切り殺し、得意顔に太息をしながら、「若旦那、危険なことでした。実はこのために、私がついてきたのです」と言って、巾着の中

から聞えた、物語妖精たちの相談のこと、イチゴや井戸水のこと、それから、籾俵の中の火ばさみのことなどを残らず話した。

忠僕はそれから信用を得て、一生この少年のために幸福に暮した。

（鄭寅燮　一九二七）

【文献資料】

①鄭寅燮　一九二七年　一二六～一三一頁（一九二〇年に、慶尚南道彦陽で文昌俊に聞く）

②任東権　一九七二年　二三一～二三三頁（一九五六年九月二〇日に、京畿道華城郡楊甘面松山里で馬貞淑〔女〕に聞く）（＊『韓国の民話』熊谷治訳　一六七～六八頁）

③朴英晩　一九四〇年　九～一五頁（一九三五年にソウルで記録）

④張徳順ほか　一九七〇年　一八七～九〇頁

⑤金素雲　一九五五年　三～一〇頁

【話型構成】

Ⅰ．イヤギの精霊の陰謀。（1）ある独子（ひとりご）が話を聞いたものを袋に入れておいた。（2）話の精霊たちは袋の中で、独子が聟に行く日、彼を殺す陰謀をたくらんだ。（3）そのたくらみをその家の下男が盗み聴きしていた。

Ⅱ．下男のおかげで救われる。（1）下男は独子が結婚式場に向かうとき、自分が馬の手綱を握ることにした。（2）途中、立派な苺が道端にあった。花聟が食べたいといっても下男が食べさせなかった。（3）喉がかわいても下男は水を飲ませなかった。（4）式がおわって寝ようとするとき、いきなり下男は新房に入って敷ぶとんの下に隠れていた糸蛇を皆殺した。（5）これらは皆、話の精霊であり、袋の中に閉じ込めておくから呪ったのである。

Ⅲ．だから話は聞いたらすぐ伝えるべきである。

【解説】

巾着や壺のような小さなところに閉じ込められた昔話が、閉じ込めた主人に復讐を謀り、その計画を立ち聞きした忠実な下男が、万難を排して主人を守る話です。

この話は、「旅人が年老いた猫の盗みを見抜き、正体を暴かれた猫が旅人を襲うが逆に殺される。猫は、復讐のために毒の南瓜に化身して旅人を襲うが、旅人は難を逃れる」という日本の「猫と南瓜」（大成254）の類話とも考えられますが、むしろ『グリム童話』でよく知られた「忠実なヨハンネス」との関連が伺われます。

グリムの話は「カラスの不吉な予言を立ち聞きした忠実な臣下が、身を挺して主人と新妻の危機を救い、そのために石になり、最後は主人と新妻の献身によって人間に戻る」という複雑な展開ですが、「主人に降りかかる奇妙な危難を一言の説明もせずに振り払い、最後にその理由が明かされる」という件は酷似しています。【樋口】

【話型比較】大成254　ATU516　池田216B　通観791

702 ＊淫僧とハツカネズミ

KT 813 淫僧

むかし、あるところに寺があった。その寺には一人の僧がいたが、観相によると、その僧は子供を九十九人も作れるというのであった。

ところで、子供が生まれない女がその寺に行って供養をすれば、間違いなく子どもが生まれるというう。それで、ほうぼうから子どもにめぐまれない女がやって来て供養した。彼女たちはやがて子供を産むのであった。

ある日、子供のない大臣の奥方が、この噂を耳にして、自分も行ってみることにした。〈一体、その寺が子供を産ませる秘密はどこからくるのだろう。きっとあの僧の仕業にちがいない〉と考えた大臣の奥方は、ためしてみることにした。そして、服を、それもボタンの多い服を十二着も身につけて、一つひとつボタンをかけて寺に向かった。

寺に着いた奥方は、一生懸命仏像様に向かって祈っていた。すると、僧が現れ、香炉に銀香草を燃やした。その煙が部屋いっぱいにたちこめると、そこにいた奥方は気を失った。ところで、この銀香草が

焼けた煙を吸うと、誰でも情欲がわきおこるのであった。僧は奥方に襲いかかって服を脱がせた。一着、また一着と次々に服を脱がせた。ところがボタンがあまり多いので時間がだいぶかかった。やがて十二着目の最後の服を脱がそうとするところで、銀香草の薬効の時間が切れ、奥方は正気に戻った。みると、僧が襲いかかろうとしている。

「悪いやつめ、おまえ、ただでは済まぬぞ」

大臣の奥方は、ついに僧の悪行を自ら確認し、その僧を捕えて殺すよう命じた。それからというもの、国中の僧に試練がやって来た。はなはだしきは、僧をみつけ殺した者には褒賞が与えられた。

この頃、ある村に、一人の悪徒がいた。ある日、酒に酔って家に帰ってみると、自分の親族で、今は僧として勤めている人が訪ねて来た。そして「どうかわたしを隠してくださいませんか」と嘆願した。ところが、彼は親類の僧を叩き殺して褒賞をもらった。

数日が過ぎて、悪徒の女房が部屋で針仕事をしていると、いきなりどこからか二十日鼠が現れた。彼女は不思議だと思って二十日鼠をよくみていると、鼠ははじめに針を飲み込んだ。そしてまた鉄の破片を食べた。みるみるうちに二十日鼠は体が大きくなって、今度は釜を飲み込んだ。家の中にある鉄という鉄は残らず食べてしまった。

こうして、悪徒の家はあっという間に滅びてしまった。二十日鼠はくやしく殺された僧の化身である。

（崔仁鶴　一九八〇）

【文献資料】

①崔仁鶴　一九八〇年B　一七七～七九頁（一九七三年十月に、慶尚南道統營郡で、金牲支〔五七歳・男〕に聞く）

【話型構成】

Ⅰ．淫僧の悪行がばれる。(1)ある寺に子供を九十九人持つ観相を持った僧がいた。(2)いくら子供のない女でも、この寺にきて供養をすれば子が産めるのである。(3)子供のない大臣の妻が、確かめるためボタンが多くついている服を十二着も着て寺に行って供養をはじめた。(4)僧がある草を焼くと、その煙に女は気を失う。僧は服を脱がそうとするが、ボタンの多い服を十二着も脱がすのに時間がかかり過ぎて大臣の妻が気を取り戻した。(5)大臣の妻は僧を訴え、僧はついに処刑された。

Ⅱ．それ以来、僧の受難がつづく。(1)それ以来、僧は残さず殺せという命令が下された。(2)ある悪い若者が自分の親類の僧を殺して賞金を貰った。(3)するとその若者の妻が針仕事をしているとき、二十日鼠が現れ、針を食い始め、鉄という鉄はすべて食べるのであった。(4)二十日鼠は僧の魂であり、鼠はますます大きくなって、その家を滅ぼした。

【古典文献】

成俔『慵斎叢話』巻三　辛旽条（＊梅山秀幸訳「辛旽は狐の変化か」一四七～四八頁）

【解説】

韓国の昔話には、破戒僧が多く登場しますが、その多くが成俔（一四三九～一五〇四）の野談集『慵斎叢話』に見られます。とくにその巻三に収められた「辛旽（シントン）は狐の変化か」は辛辣で、「辛旽という僧がその権力にものを言わせて、士大夫の妻や妾に美しい者がいると聞けば手当たりしだいに犯した」と記しています。

実際の辛旽は、高麗時代の実在の僧で、低い身分の生まれから恭愍王（きょうびんおう）に取り立てられ、大胆な土地改革を行いましたが、その性急な改革が嫌われ水原に配流され、一三七一年に没したという、歴史的評価の分かれる人物です。

韓国における仏教は高麗時代には威勢をふるいましたが、朝鮮王朝時代となると儒教によって排斥され、ほと

んど全ての寺院が中央を追われ山中に移されました。朝鮮王朝初期を代表する文人であった成俔は、儒教を是とする両班の立場から仏教に厳しい批判を加えたのだと思われます。【樋口】

703 ＊説明できない（不可説）獣

KT 814 プルカサリ

高麗の末にプルカサリ（不可殺）という獣（けだもの）がいた。かたちは猫に似て、その食物は、なんでも食わないものはなく、熱した鉄まで食うから、鉄砲で撃つこともできず、ひとの家に入っては、鉄瓶、鍋、釜より、鍬、鎌、釘にいたるまで、なんでも食った。それが朝鮮王朝になっていなくなった。あまりに奇怪で、口にも言われず、名もつけられないので、ただプルカサリと名づけたのである。

一説に、高麗の末に、ある未亡人が針仕事をしていると、その前に一匹の虫がきた。それに針をだすと、針の先を食う。面白がって、毎日針を食わせると、だんだんに大きくなり、大きい金属の器具まで

も食う。それがついに市中に出て、そこの家ここの家の金物を食う。官庁でも捨てておかれず、刀で刺そうとしても通らず、焼き殺そうとして火の中に入れておいたところが、鉄の玉を焼いたように、火の玉になって市中を走りまわった。その行くところはみな火事が起こって松都（開城・高麗の都）は、ついに滅びたのである。これをプルカサリと言った。

（三輪環　一九一九）

【文献資料】

①三輪環　一九一九年　一七八〜七九頁
②中村亮平　一九二九年　九九〜一〇一頁
③任晳宰　一九七五年　三巻　八四〜八九頁

【話型構成】

Ⅰ．高麗朝末の怪物。（1）高麗朝末、猫に似た動物がいて、あらゆる金属物をすべて食べた。そのため、金属物がなくなって大変困った。（2）怪物が朝鮮王朝になってなくなってしまった。

Ⅱ．高麗滅亡と怪物。（1）高麗朝末にある寡婦が針仕事をしていると、一匹の虫がやってきて針を食べた。（2）それ以来、毎日針を食べ、次第に大きくなった。（3）すべての金属物を食べるので、色々殺す方法を講じたが、失敗におわった。（4）焼き殺そうと火の中に入れると、火の玉になって市内をころがり、それが至るところで火災を起こした。（5）このため高麗朝の都である松都は滅亡した。（6）人々は不思議な怪物だということでプルカサリという。

【古典文献】

Panchatantra　pp.192–197（Ryder）

【解説】

これはKT813「淫僧」の結末部分の「鉄を食う二十日鼠」と同じタイプの話です。「鉄を食うネズミ」の話は、インドの『パンチャタントラ』の「正直者と悪者」にも見えますが、この話の場合は実際に鼠が鉄を食べることはありません。

しかし、日本の『平家物語』に端を発する頼豪（らいごう）の怨霊の物語は、『太平記』を経て次第に石の身体と鉄の牙をもつ鼠の群に発展し、ついに江戸後期の曲亭馬琴による『頼豪阿闍梨恠鼠伝』では葛飾北斎の手によって大鼠の姿をとり、鳥山石燕によって「鉄鼠」の姿が定着します。鉄鼠は主に経典を食べ散らかすのですが、仏像も食い荒らします。

パンチャタントラの鉄を食う鼠の話が、韓国の「不可殺」や日本の「鉄鼠」とどのような関わりを持つのかは説明できませんが、韓国には「不可殺」、日本には「鉄鼠」という妖怪が存在することは、興味深い事実です。

中国では唐代の『原化記』に、「田螺女房（たにし）」と結びついた類話があります。

ある役人が田螺が変じた娘を妻にしたところ、県知事が役人の妻を得ようとして、役人に「蝸斗（かと）」というものを要求します。妻は実家から「蝸斗」を持ってきて知事に差し出しますが、それは火を食べる犬のような獣でした。知事が蝸斗に火を食べさせたところ、蝸斗は火の糞をし、それが燃え広がって知事も家族もみな焼け死んだ、とあります。ただこの話は仏典にまで遡るようで、呉・康僧会訳『旧雑譬喩経』巻上には次のような話が見えます。

▲鉄鼠

ある国の王が大臣に「禍（か）」という物を買いにやらせます。大臣は隣の国で猪のような「禍母」を買って帰ります。禍母は日に一升の針を食べるというので、国中の針を集めることになり、国は混乱します。王は禍母を殺させようとしますが禍母は死なず、薪を積んで焼き殺そうとしたところ、真っ赤になった禍母は走り回って城を炎上させた、という話です（西村正身・羅黨興〔訳〕『壺の中の女』）。

【斧原・樋口】

704 ＊魚の子・鄭道令（チョン・ドリョン）

KT 815 魚の息子

崔某という、名前は忘れたが倭政時代（日本植民地時代）に私の隣り村に住んで警察に勤めていた人から聞いた話である。

日本のショワという人が、ある日夢をみた。朝鮮の茂朱の九泉洞に住んでいるという七つになった少年が現れ、「実はあなたと賭け碁で争うつもりでまいりました」と言うのであった。よく見ると年は七つにしかなっていないけれども、並々ならぬ非凡な少年のように見えた。それで彼は少年を迎え入れた。

「名前は？」

「鄭道令（チョン・ドリョン）と申します」

「ウーム、かなり碁については自信ありげだが、賭けをしようではないか」

「はい、結構です」

「ではどんな賭けをしようか」

「どんな賭けでも結構です」

「ウーム、それではこうしよう。君が負けたら頬を三度、わしがなぐる。もしわしが負けたらこの碁石と碁盤をあげる」

「はい、結構です」

こうして二人は向かい合って、碁を打ちはじめた。はじめてからまもなく碁石を七つほど打ったときに、「すでに決着がつきました。殿の負けです」と言うのであった。ショワはなまいきな奴だと内心考えながら碁を打ったが、少年の言うとおりに結局負けてしまった。碁についてはは実力のあるショワだけれども少年にははかなわなかった。それで彼はさらに、「三回勝負にしようではないか」と提案した。鄭道令は自信たっぷりな口ぶりで承諾した。今度は碁石を碁盤の上に五目置いたときに、「勝負は決まりました。私の勝ちです」というのであった。

ついにショワは立派な碁盤を失ってしまった。どうしたらこの屈辱を挽回できるだろうか考えているときに目が覚めた。夢であった。

ショワはただちに朝鮮総督府に、茂朱九泉洞に住んでいる鄭道令という者を捕えるよう命じた。それで、日本人刑事と朝鮮人刑事の二人で、そこに行った。この時ついて行った朝鮮人刑事が、崔某という者である。

日暮れになって二人は目的地についた。よく調べてみると小さな小屋だった。二人は門前で、「しばらく休ませてくれませんか」と言った。部屋からはなんの返答もなかった。それで部屋の中をのぞいて見ると、一人の白髪老人が草鞋を作っていた。白髪老人は、「どういう用件ですか」と聞いた。二人は

部屋の中に入ってから、「鄭道令という少年は息子さんですか、お孫さんですか？」と聞いた。老人は、鄭道令は実を言えば父なしに生まれた子であると前おきしながら、次のような話を聞かせてくれた。

「いまあなたたちが見ているように、私は草鞋を作って、やっとその日を暮らしています。たまには村の前の川に行って漁をすることもあります。ある日、川に出かけ釣りをしているときに、うちの嫁が昼飯を持って来ました。ちょうどこのとき、大きな魚が釣り針にかかりました。私は嫁と一緒にその魚を釣りあげました。嫁はその魚を食べたがりました。『お父さま、どうかこの魚は売らないで私に食べさせてください。むしょうに食べたくてたまりません』というのでした。しかたなく私は承知しました。『いいけれど、どこそこの老人のところに行ってこの魚の名前が何かを聞いてから煮て食べなさい』と言いました。嫁は喜んで魚を持って帰りました。嫁が急いで包丁を取り、魚の腹を割ると卵が一個出て来ました。嫁はその卵を呑み込みました。

それから嫁は胎気があり、月が満ちて生まれた子がすなわち鄭道令であります。村の人たちは舅と嫁が不倫の関係で生まれたのだと噂していますが、実はそうではありません」

最後まで老人の話を聞いていた二人の刑事は、「今、少年はどこにいますか」と聞いた。老人は、「その子は静かに家にいる日がありません。どこに行っているか分かりません」と答えているうちに門が開き、少年が帰って来た。

鄭道令は二人の客の顔をながめるとすぐに、「あなた方は私を捕えにやって来ましたね」というので、二人の刑事はあきれてだまっていた。すると少年は、「せっかく苦労してここまで来られましたからは、今夜はここにお泊まりなさい。明朝、駅前で私を捕えてください」というのであった。鄭道令があまり

に非凡な少年であったから、二人の刑事はすぐに捕える気がせず、言うとおりにしようと思った。

夜が明けて、二人の刑事は少年が指名した駅前に出かけた。すると駅前の広場には民衆がいっぱい集まって騒いでいた。様子をうかがうと戦争で日本が敗れ、朝鮮は解放されたということであった。民衆は喜んで万歳を操り返した。

二人の刑事は仕方なく、そのまま帰って来たという。

（崔仁鶴　一九八〇）

【文献資料】

①崔仁鶴　一九八〇年B　二二三～二七頁（一九七五年十一月に、江原道溟州郡で崔燉九〔六四歳・男〕に聞く）

【話型構成】

Ⅰ．日本人のショワが夢を見た。チョンドリョン（鄭道令）という青年と囲碁をして、負けた。それで、囲碁盤と石を約束通りに子供にやった。

Ⅱ．ショワは、茂朱九泉洞に刑事隊を、チョンドリョンを捕まえるために送った。

Ⅲ．ある老人が息子の嫁と一緒に暮していたのだが、漁師をして生活していた。ある日、魚を釣ったのだが、嫁は、この魚を売らないで、料理して食べようと言った。それで、老人は許した。嫁は、卵を食べた。それで、妊娠して生まれたのが、チョンドリョンだと言う。

Ⅳ．少年が帰ってきた時、刑事は、彼を捕まえようとした。彼は、せっかく来たのだからお休みになって、明日、駅で自分を捕まえなさいと言う。

Ⅴ．翌日、駅前に行くと、多くの群衆が集まっていた。やっと日本が戦争に敗れて、群衆は万歳を叫んでいるのだった。

【解説】

女が「魚の腹から出て来た卵を食べて出産した」という異常誕生譚です。

異常誕生の子供が不思議な力をもつという昔話は日本

の「桃太郎」や「力太郎」をはじめ世界中に枚挙のいとまがありませんが、韓国には、朱蒙、首露、赫居世、脱解など、建国の英雄が卵から生まれた神話が多く伝えられています。

しかし「異常誕生の主人公が、韓国の植民地解放の直前に現れ、遠く離れた日本の囲碁自慢のショワを破り、日本の警察権力を手玉にとって、日本の敗戦と植民地の解放を告げる」という痛快な物語が、解放後の韓国で世間話として各地で語られたというのは興味深いと思います。

語り手の住む江原道溟州は、不思議な少年の住む全羅北道茂朱から遥か離れています。

私たちはこうした話を通じて、遠く離れた土地に起こった不思議な話を鮮やかに語り伝える「噂話・世間話の伝播力と波及力」を改めて知ることが出来るのではないでしょうか。【樋口】

「もの言う亀」・「狗耕田」・「歌う猫」
――日・中・韓の昔話の比較研究のために――

斧原孝守

一　「兄弟と犬」と「真似する石亀」

韓国には「兄弟と犬」（ＫＴ４５８）・「真似する石亀」（ＫＴ４５９）という、互いによく似た昔話が伝わっている。まず慶尚北道金泉市で崔仁鶴氏によって採録された「兄弟と犬」（本集成第五巻所収）を見てみよう。

ある村に兄弟が住んでいた。母親が死ぬと弟は悲しんだが、兄は悲しい表情すら浮かべなかった。ある日、弟が母の墓参りに行くと、一匹の犬がいたので弟はその犬を連れ帰る。犬は弟の麦蒔きを手伝ってくれる。通りがかった商人にこの話をすると、商人は信じない。弟と商人は犬が麦蒔きを手伝うかどうか、商人は荷物、弟は土地と牛を賭ける。犬は麦蒔きを手伝い、弟は商品を手に入れる。これを知った兄は弟の犬を借り、同じように商人と賭けをする。犬は麦蒔きを手伝わず、

兄は土地と牛を取られる。怒った兄は犬を殺す。弟が犬の死骸を持ち帰って埋めると、そこから竹が生える。竹は天に届き、宝が竹を通ってこぼれ落ちる。これを知った兄は犬の死骸を掘り出して自分の家の庭に埋める。竹が生えるが、石と土が落ちて来て兄の家はつぶれる。*1

奇跡の犬が転生し、孝行者で優しい弟には福を、強欲な兄には禍を授ける話である。葛藤譚の外枠をとり、犬が転生するところは日本の「花咲か爺」と共通しているが、「花咲か爺」には犬が畑仕事を手伝ったり、犬の能力を他人と賭けるという趣向は無い。

ところが中国には、これとほとんど同じ話が伝わっている。「狗耕田」（畑を耕す犬）という話がそれで、中国では全域に伝わる有名な話である。「狗耕田」では木に転生した犬は、その後もいろいろな物に転生することが多いが、骨子は韓国の「兄弟と犬」とまったく同じである。

次に「真似する石亀」（KT459）の例を見てみよう。やはり崔仁鶴氏によって京畿道始興郡で採録された伝承（本集成第五巻所収）である。

兄に家を追い出された貧しい弟が、人が話したとおりに真似る亀を手に入れる。亀が物真似をするのを聞いた人は喜んで銭を出したため、弟は豊かになる。これを知った兄は、弟の亀を借りて物真似をさせようとするが亀は真似をしない。怒った兄は亀を殺す。弟が亀の死体を埋めるとそこから大きな樹が生え、金銀が落ちる。兄がその木の枝をもらって植えると大きな樹になるが、木からは汚れた水が落ちる。*2

「兄弟と犬」の犬が亀になっただけのような話だが、韓国ではそれなりに知られた話である。中国に「兄弟と犬」の類話が広く伝わっている以上、「真似する石亀」の類話も中国に伝わっているように思いたくなるが、類話は朝鮮族を除いてまったく知られていない。ところが日本には、「大歳の亀」（大成204A）という「真似する石亀」と同じ話が伝わっているのである。これは貧しい弟が年の暮れにもの言う亀を手に入れて豊かになり、弟の亀を借りた兄は失敗する話で、亀が木や竹に転生する後半の展開も韓国の「真似する石亀」とほとんど同じである。

つまり韓国に伝わる「兄弟と犬」・「真似する石亀」という二つの動物転生譚のうち、「兄弟と犬」は中国にほとんど同じ話があるが日本にはなく、一方「真似する石亀」は日本に同じ話があって中国にはない、ということになるわけである。

日中韓三ヵ国におけるこのような昔話の異同の背後には、東アジアにおける昔話の伝播と、それぞれの国における変容が複雑に絡み合っていると思われる。しかしその事情はまったく不明である。ただ中国から朝鮮半島を経由して日本に文化が伝わったという東アジアにおける文化の流れを勘案すれば、まず中国全域に広がる「狗耕田」が朝鮮半島に伝わって「兄弟と犬」になり、そこで犬の要素が亀に変換して「真似する石亀」が生まれ、それがそのまま日本に伝わって「大歳の亀」になった、と考えれば説明はつきそうである。

だが、日中韓三ヵ国に類似した昔話が変化しながら連続的に展開している場合、常に原型的な中国の昔話が朝鮮半島に伝わり、半島を経由して日本に伝わったと考えなければならない理由はない。比較の視野を広げてみることによって、また別の考え方が成り立つように思われるのである。

二 「もの言う動物」類話群

日中韓三ヵ国に展開する動物転生譚を考えるに当たって忘れてはならないのは、三ヵ国には「狗耕田」や「兄弟と犬」「花咲か爺」のような、よく知られた犬の転生譚以外にも、様々な動物が転生する物語が伝わっているということである。このような転生譚はいずれも転生する動物が人語するところに大きな興味があり、私はそれらを「もの言う動物」類話群と名づけている。いま、各地に伝わる「もの言う動物」の諸相をみてみよう。

a 「もの言う亀」

先に紹介した韓国の「真似する石亀」も日本の「大歳の亀」も、亀が人語するところに最大の興味があった。したがってこれらを「もの言う亀」と名づけても良いであろう。その基本的形式は以下のようにまとめることができる。

1. 貧しい弟（爺）が、もの言う亀を手に入れる。
2. 弟（爺）は亀を人々の前でものを言わせて金を儲ける。
3. 兄（隣の爺）がその亀を借り、ものを言わせようとするが亀はものを言わないので亀を殺す。
4. 弟（爺）が亀を埋めた所から竹（木）が生え、金銀が降る。

5. 兄(隣の爺)には糞が降る。

日本の「大歳の亀」は、九州・四国地方から琉球諸島にかけて集中的に分布しているが、わずかながら中部・東北地方にも類話が知られており、[*3] 本来的には全国的に広く伝わっていたと思われる。日韓の「もの言う亀」が、歴史的にも密接な関係があったことは間違いないであろう。

b「もの言う牛」

琉球諸島には「もの言う牛」という話が広く伝わっている。八重山群島の石垣島に伝わる話は、以下のようである。

繋ぎっぱなしにされている牛が、ある男に水を飲ませてほしいという。男が牛に水を飲ませてやると、牛は自分がものを言うかどうか、自分の主人と賭けてみるようにいう。男が牛の持ち主に賭を持ちかけると、牛の持ち主は牛がものを言ったらお前に牛をやるという。牛はものを言い、男のものになる。やがて牛は男に自分を殺して肉をお嶽に供え、残りは村の人に分けるように言う。[*4]

この話は日本では琉球諸島に広く分布し、悪疫祓いの行事(シマクサラー)の由来譚になっている場合が多い。[*5]「大歳の亀」のような葛藤譚の構想をとらず、その前半だけが独立したような形である。したがって牛が転生することはないが、牛が恩人に自分の骨や肉を用いて悪疫から逃れる方法を授けるとい

うのは、一種の転生というべきであろう。なお新潟県の佐渡島には孤立した類話があり、[*6]あるいはこのような話が広く知られていた時代があったのかも知れない。

c「もの言う猫」

奄美群島の喜界島には、次のような話がある。

金持ちの家が猫を飼っている。主人は猫を粗末に扱うが、下男は猫を優しく扱う。ある日、猫が下男に自分がものを言うことができるかどうか、主人と賭けてみるようにいう。下男は主人に猫がものを言うかどうかを賭け、賭けに勝って主人の全財産をもらう。[*7]

転生の趣向はなく、全体的に「もの言う牛」とよく似ている。「もの言う牛」が猫の話になっただけのようにもみえるが、沖縄本島には奇跡の猫が転生する話があった。中頭郡の伝承である。

女が息子二人を残して死ぬ。弟が母の墓に行くと棺の上に猫が座っている。弟は母の魂に違いないと思って猫を連れ帰る。猫は金の糞をする。これを知った兄が猫を奪うが、猫は糞しかしないので兄は猫を殺す。弟は猫の死骸を庭に埋め、その上に木を植えると黄金の木になる。[*8]

母親の墓で猫を見つけるところは、韓国の「兄弟と犬」と同じである。ここでは猫は人語するわけで

はなく、金の糞をすることになっている。金をひる猫の転生譚は長崎県の壱岐にもある。竜宮から貰ってきた猫が金の糞をして貧しい兄を富ませるが、猫はこれを借りた弟に殺される。兄が猫を埋めた所から蜜柑の木が生え、根元から金が出たという話である。[*9] ここにはいわゆる「竜宮童子」の影響が窺えるが、猫の転生譚にもそれなりの広がりがあったようである。これを喜界島の例と合わせると「もの言う猫」の転生譚になる。

d「もの言う山羊」

韓国の忠清南道牙山郡には、「もの言う山羊」の伝えがある。

貧乏な兄と裕福な弟がいる。兄が薪を採りに行って、「正月の雪は積もり、正月の食物はないのです。お父さん、お母さん、どうしましょう」と言うと、向かいの谷間で山羊が物真似をする。兄は山羊を連れ帰り、物真似をさせて村人からお金をもらう。これを知った弟が山羊を借りるが、山羊は物真似をしない。怒った弟は山羊を殺す。兄がその骨を拾って埋葬すると、そこから竹が生えて天空の金の溜池を破って金が降る。弟も骨を埋葬するが、生えた竹は天の糞溜を刺して弟は糞に埋もれて死ぬ。[*10]

いまのところ類例はなく、「真似する石亀」の変型とみてよいであろう。ただこの伝承の注目すべきところは、主人公が奇跡の山羊を得たのを正月前としている点で、日本の「大歳の亀」と共通している。

e「もの言う蛙」

中国最北部の黒竜江省に住むツングース系の漁撈民、赫哲（ホジェン）族には、もの言う蛙の転生譚がある。

兄嫁に追い出された弟が、兄の家に食糧をもらいに行く。兄嫁は袋に犬の糞を一杯いれてくれる。袋の中が犬の糞であるのを知った弟が袋を捨てると、中から大きな銀色の蛙が出てきて犬の糞を食べる。どうして食べるのだというと、蛙はお前が捨てたんだから食べても良いではないかという。弟は喜んで蛙を持ち帰る。村中の人が不思議がって蛙を見に来る。皇帝が蛙を見せに来るように言う。ものを言う蛙を見た皇帝は喜んで弟に褒美を与える。これを知った兄は蛙を借りて、皇帝の所へ行く。蛙は一言も話さないので皇帝は兄を殴る。怒った兄は帰りに蛙を殺す。弟は蛙の死骸を竈の側に埋める。そこから木が生え枝から銀が落ちる。兄がその木を掘り出して自分の家の竈の側に植えると、犬の糞が落ちる。兄の一家は糞に埋もれて死ぬ。[*11]

中国の東北地方にも「狗耕田」は広く伝わっており、この話はそこから変化した話だと考えることもできる。しかし動物の属性が人語するところにあり、転生が一度だけというのは、むしろ韓国の「真似する石亀」や日本の「大歳の亀」に近い話である。「ものいう動物」の転生譚の広がりが、中国大陸の最北辺にまで及んでいたと見るべきであろう。

いま、東アジア沿岸周辺に伝わる、「もの言う動物」を通覧した。転生の主体は亀・牛・猫・山羊・蛙と様々だが、葛藤譚の外枠をとり、殺された奇跡の動物が転生して禍福を与えるところは「狗耕田」や「花咲か爺」などの犬の転生譚と共通している。ただこれらの「もの言う動物」は有名な犬の転生譚に比して素朴で、死んだ動物は何度も転生を繰り返さず、一度の転生で終わっているところに注目すべきであろう。

ここで、「もの言う動物」の分布と内容を整理しておこう。

まず中国黒竜江省の赫哲族に「もの言う蛙」があり、朝鮮半島に「真似する石亀」と「もの言う山羊」があった。そして日本には広く「大歳の亀」が伝わっており、奄美群島の喜界島には、転生はしないが「もの言う猫」があった。そして長崎県の壱岐と沖縄本島には、人語はしないが金をひる猫の転生譚があり、最後に琉球諸島全域に、特異な形ながら「もの言う牛」が伝わっていた。

つまり中国最北端から朝鮮半島を経て日本列島、特に九州周辺の島嶼(とうしょ)、さらに琉球諸島にかけて、犬以外の動物を主体とした「もの言う動物」の転生譚が点々と、しかも内容的に重なり合うようなかたちで展開していたわけである。このような分布を見ると、ひとり朝鮮半島においてのみ、「兄弟と犬」から「真似する石亀」が生まれたと考えることはできない。むしろ韓国の「真似する石亀」を含む、各地に伝わる「もの言う動物」類話群は、優勢な犬の転生譚の周辺に残った古風な伝承と考えられるのである。

次にわれわれはこれらの伝承と遠く離れた、中国西南部に居住する少数民族の間に伝わる一群の伝承

を見なければならない。

三　歌う猫

中国の西南部に居住する数多くの少数民族の間には、「歌う猫」とでもいうべき一群の伝承が伝わっている。[*12] まずは広東省連山壮族瑶族自治県に住む壮（チュアン）族の事例を見よう。

怠け者の兄と働き者の弟がいる。家には歌を歌うことのできる猫がいて、弟はいつも猫を連れて仕事をしている。ある時、弟が猫を頭に乗せて川を渡っていると、羊飼いがなぜ猫をそんなに大事にするのかと問う。弟が歌を歌うからだというと、羊飼いはそれが本当なら羊を全部やろうという。弟は猫に歌を歌わせて羊をもらう。これを知った兄が猫を借り、牛飼いに猫が歌うという。牛飼いは猫が歌えば牛をやるが、歌わなかったらお前の服をもらうという。猫は歌わず、兄は服を取られる。怒った兄は猫を打ち殺す。弟は猫の死骸をザボンの木の下に埋める。兄は弟にザボンの木だけをやって分家する。弟のザボンは大きな美味しい実をつけるが、兄が食べるとまずい。怒った兄はザボンの木を切り倒す。弟はその木で豚の餌箱を作る。弟の豚は牛のように大きく育つが、兄が豚を飼うと豚は死ぬ。兄は怒って餌箱を焼いてしまう。弟は焼け残った鉄のたがで釣り針を作る。釣り針には大きな魚がかかるが、兄が借りると何もかからず兄は釣り針と竿を捨てる。弟が釣り針を探していると娘が泣いている。娘は父が釣り針を喉にかけて死にそうだというので、弟は自

分が何とかしようという。娘に連れられて竜宮に行くと、老人が苦しがっている。弟がその口から釣り針を取り出してみると、自分の釣り針だった。老人は竜王で宝をくれる。弟は娘から避水珠を貰って帰る。これを知った兄は避水珠を借りて竜宮に行き、もっと多くの宝を貰おうとするが、竜王に針をかけた人間だと分かり、竜王は兄を鰲魚に食わせてしまう。*13

典型的な兄弟分家型の葛藤譚である。歌うことのできる猫を手に入れた弟が富を得、これを借りた兄が失敗するという展開は、日本や韓国の「もの言う亀」と同じである。ただ韓国や日本の「ものいう動物」の転生が一回であるのに対して、転生を頻繁に繰り返すところは中国の「狗耕田」と共通している。この話では末段に竜宮訪問譚が結びついているが、この「失くした釣り針」の挿話が日本神話の「海幸山幸」の重要な類話であることは言うまでもあるまい。*14

このような「歌う猫」とでも言うべき物語は、貴州省から雲南省に居住する苗（ミャオ）族にも知られている。貴州省西部から西北部に住む苗族の事例はこうである。

兄弟がいる。母が死ぬ際に弟に向かい、自分の墓に罠をかけ、かかった物を取れと言う。弟が言うとおりにすると子猫がかかったのでそれを飼う。猫は上手に歌を歌う。弟は猫を連れて二人の商人と歌比べをして勝ち、塩と布を手に入れる。これを知った兄は猫を借りて歌わせようとするが猫は歌わず、荷を運ばされる。怒った兄は猫を殺す。弟が猫を埋めたところから木が生え、それを揺すると金銀が落ちる。兄が揺すると糞が落ちる。兄は木を切る。弟はその木で豚の餌箱を作る。弟

の豚は肥り、兄の豚は死ぬ。櫛を作る。弟が髪を梳くと髪がきれいになるが兄の毛は抜ける。釣り針を作る。弟はたくさん魚が釣れる。竜王が現れ釣り針を兄に与えよという。兄は釣り針を借りて釣りに行くが、自分の喉に針をかけて溺れ死ぬ。竜王は弟を竜宮に連れて帰る。[*15]

壮族の類話とほとんど同じだが、韓国の「兄弟と犬」や沖縄の猫の転生譚と同様、歌う猫を母の墓で手に入れるというのは注目すべき点である。雲南省河口県の苗族の例でも、貧しい弟が父の墓で歌う猫を捕らえることになっており、[*16]猫が親の転生であるという観念には深い意味があったようである。

雲南省東部に住む苗族にもこれとほとんど同じ話がある。鶏だけを貰って分家した弟が鶏を山猫にとられる。山猫を捕まえると、猫は歌を歌うことができると言い、弟は歌合戦に勝って賞金をもらう。猫を借りた兄は失敗する。後は同じで猫は転生を繰り返して釣り針になり、最後には弟は竜女を嫁に迎えて幸せに暮らす。[*17]

このような物語は苗族と言語系統の近い瑶（ヤオ）族にも広く知られている。広東省連南に住む瑶族の例では、猫ではなくハクビシンになっている。歌うハクビシンは樹木・豚の餌箱・釣り針と転生を重ねて兄と弟に禍福を与え、最後に弟は竜女を娶って幸せに暮らす。[*18]瑶族では広西壮族自治区平楽県にも歌うハクビシンの類話が伝わっているほか、[*19]同自治区西林の瑶族では踊る猫の話になっている。[*20]

「歌う猫」はさらに雲南省南部の緑春県に住む哈尼（ハニ）族、[*21]滄源佤族自治県に住む佤（ワ）族、[*22]さらに西双版納に住む傣（ダイ）族のあいだにも伝わっている。[*23]なお、やや離れた四川省涼山州に住む彝（イ）族にも類話があるが、そこでは歌う狐になっている。[*24]このように「歌う猫」は、中国西南部の少数民族のあいだにまとまった形で広く伝わっていたのである。

四 「犬の物語」と「もの言う動物」

中国大陸西南部の少数民族が伝える「歌う猫」は、物語の形式から見ると「狗耕田」と共通する点が多い。転生を幾度も繰り返すのも同様である。この地域にも「狗耕田」は広く伝わっており、金栄華が『民間故事類型索引』において「歌う猫」をAT542Aとして「狗耕田」(AT542)の亜型として整理しているように、[*25]これを「狗耕田」の地域型と見ることは自然な判断である。

しかし先にも述べたように、東アジア沿岸の南北に広く「もの言う動物」の転生譚が分布することを考慮に入れると、「歌う猫」を「狗耕田」の地域型として片づけることはできない。「人語する・歌う」という属性から見ると、「歌う猫」は「狗耕田」よりも、むしろ東アジアの沿海地域に点在する「もの言う動物」類話群の一環をなしていると考えるべきなのである。日本の「大歳の亀」のいくつかの事例が、歌う亀になっているのも気になる一致である。

一般的に、広い地域に拡がる同一形式の昔話は、比較的最近に急速に流行したものであるといわれる。してみると、現在、東アジアの全域に流行する犬の転生譚は、巨視的に見ると比較的近い時代に急速に流行した物語で、周辺の民族のあいだに分断されて残る「もの言う動物」が基層にあったと考えることができる。「狗耕田」のような犬の転生譚は、「もの言う動物」から分化して二次的に流行したものであろう。

それでは地域によってさまざまな動物に分化している「もの言う動物」類話群のうち、本源的な伝承は何であったのだろうか。この問題を明らかにすることは現在の資料情況では難しいが、さしあたって私は以下の点から、それは猫の転生譚だったのではないかと考えている。

まず猫は動物の中では唯一、人間と並んで霊魂を持った動物だとされており、[*26] 猫の魂が死人に入ると死人が起きあがるという世界的に知られた俗信もある。[*27] 死後も転生を繰り返す動物として、猫は最もふさわしい動物であった。

次に猫の転生譚の分布である。猫の転生譚は「歌う猫」として中国大陸の西南少数民族にまとまった形で発達しているが、人語する猫の類話は微弱ながら奄美群島にもあり、さらに猫の転生譚は日本の壱岐と沖縄にもあった。このような分布は、猫の物語の拡散が相応に古いものであることを示している。そもそも中国西南少数民族と日本列島、特にその周辺の島嶼部は東アジアの古い文化を残している地域であり、中国西南少数民族と琉球諸島に共通する伝承には、東アジアの古層文化と考えられるものが多い。[*28] 猫の転生譚も、このような古い伝承層に属するものであろう。

五　東アジアにおける動物転生譚の展開

ここに集成することのできた僅かな資料から各類型の展開過程を推測することは難しいが、現段階における一つの作業仮説として、東アジアにおける動物の転生譚の歴史を描いてみよう。

私は今のところ、東アジアにおける動物転生譚の歴史を次のように考えている。まず東アジアにおいて歌う(もの言う)猫が転生して主人公を富ませ、これを模倣した人物には害を与えるという伝承が広まったと見る。この段階でおそらく「歌」と「賭け」の趣向はあったが、転生は一度であったと思われる。現在西南中国に伝わる「歌う猫」のように、数度にわたって転生を繰り返すのは「狗耕田」の影響であろう。

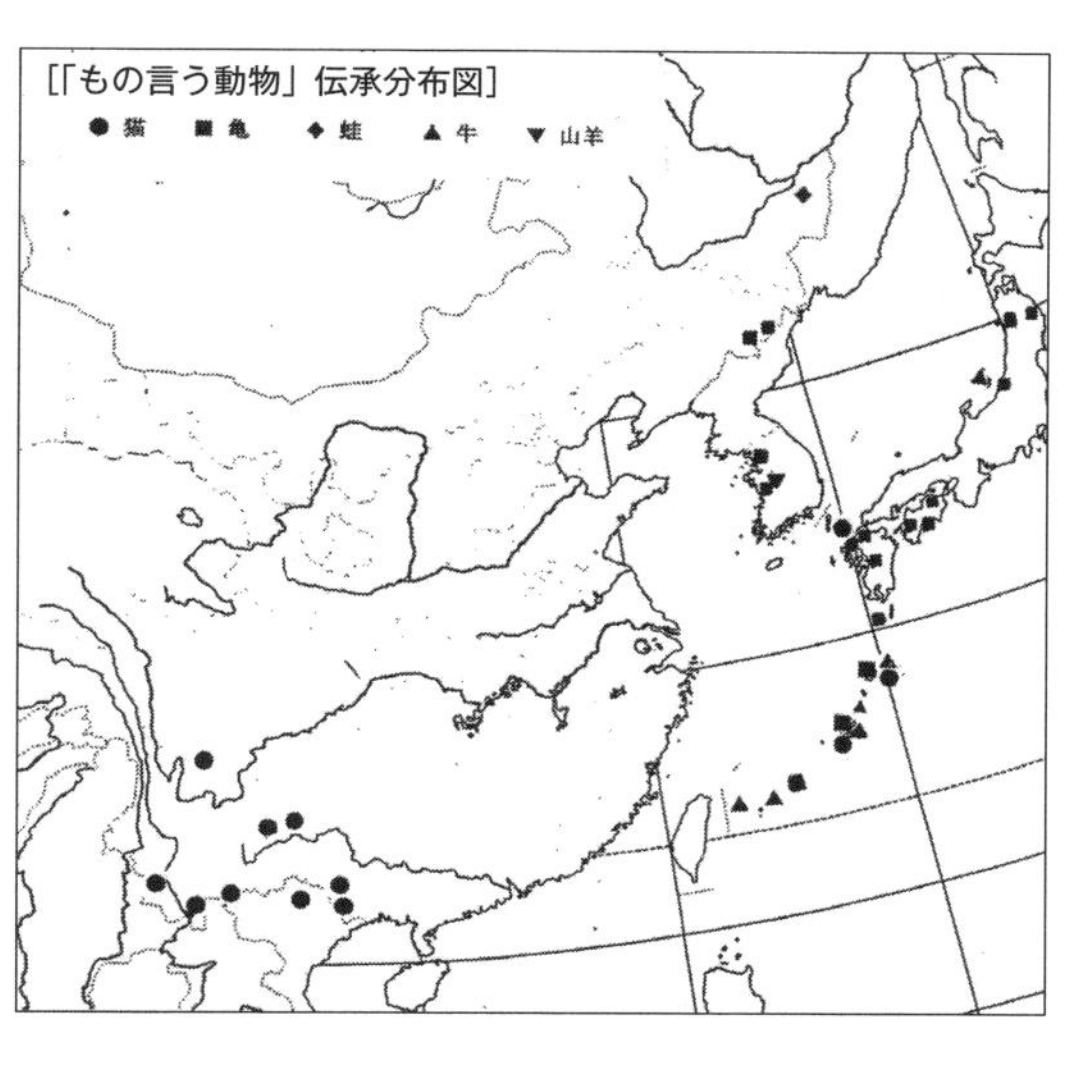

次いでこの伝承の拡大と共に、物語の核にあたる奇跡の動物の種類が多様に分化した。それが琉球諸島の牛や韓国・日本の亀、韓国の山羊、ホジェン族の蛙であった。本稿でいう「もの言う動物」類話群である。これらの動物の属性は、いずれも歌を歌ったり人語したりすることで、未だこの段階では猫の転生譚の影響を受けていたと思われる。

これら「もの言う動物」類話群から二次的に新しい変成を起こして成立したのが、犬の転生譚であろう。それはおそらく中国大陸において、畑を耕す犬という新しい趣向を得て流行することになった。これが「狗耕田」で、犬が畑を耕すという趣向は、現代の我々の想像を超える以上に人々の心をつかんだようである。

この伝承が朝鮮半島に伝わったのが韓国の「兄弟と犬」である。ただ「兄弟と犬」では犬の転生は一度だけであるので、「狗耕田」のように数度にわたって犬が転生を繰り返す趣向は、その後に中国で発達したものであろう。この犬の転生譚は日本にも伝わり「花咲爺」や「雁取り爺」を生んだと思われるが、日本の伝承は転生を繰り返すところに大きな興味があり、「狗耕田」の影響を強く受けている。ただ犬が畑を耕すという趣向が日本で消滅したのか、本来的に無かったのかという点については現段階では不明というしかない。

以上が東アジアにおける動物転生譚の展開についての仮説である。これに従えば、冒頭に述べた韓国の「真似する石亀」は「兄弟と犬」から生まれたものではなく、より古い基層伝承につながるもので、「兄弟と犬」は、その後に中国大陸で成立した「狗耕田」が朝鮮半島に伝播した新しい伝承だということになる。韓国には東アジアの古い伝承と、中国から伝わった新しい伝承が併存していたのである。それは中国大陸東北部から南に延びる長い半島という、韓国の地理的特徴に応じた昔話の展開を示すものといえよう。

＊1　崔仁鶴［編］『朝鮮昔話百選』日本放送出版協会　一九七四年　一八二〜八四頁

＊2　同書　一八四〜八六頁

＊3　松浪久子「昔話『大歳の亀』伝承と伝播」、福田晃・岩瀬博・山下欣一・小川学夫［編］『南島説話の伝承』三弥井書店　一九八二　二八五〜三二六頁

＊4　沖縄伝承資料センター［編］『聴く語る創る　第10号　特集　石垣島の民話』日本民話の会　二〇〇三　一二四〜一二五頁

＊5　安里和子「『ものいう牛』試論」、『沖縄民話の会会報』第六号　沖縄民話の会　一九七九　一四〜四三頁

＊6　鈴木棠三『佐渡島昔話集』三省堂　一九四二　四七〜四九頁

＊7　岩倉市郎『喜界島昔話集』三省堂　一九四三　一六〇〜一六一頁

＊8　福田晃・岩瀬博・遠藤庄治［編］『沖縄の昔話』日本放送出版協会　一九八〇　七七〜七八頁

＊9　山口麻太郎［採録］『日本昔話記録13　長崎県壱岐島昔話集』三省堂　一九七三　四三頁

＊10　任東権［著］熊谷治［訳］『韓国の民話』雄山閣出版　一九九五　八六〜八七頁

＊11　喩金良『中国赫哲（ホジェン）族の物語』日本僑報社　二〇〇二　一八〜二二頁

＊12　拙稿「うたう猫―東アジアの小動物転生譚の変成―」、『比較民俗学会報』第一七巻第四号　比較民俗学会　一九九七　七〜一五頁

＊13　藍鴻恩［編］『壮族民間故事選』上海文芸出版社　一九八四　二三九〜四三頁

＊14　拙稿「東アジアの『失くした釣針』―『海幸山幸』神話の類話の展開とその基盤―」篠田知和基［編］『分身の神話・その他』比較神話学研究組織　二〇一八　六七〜七七頁

＊15　中国民間文芸研究会貴州分会［編］『苗族民間故事選』上海文芸出版社　一九八一　一五一〜五八頁

＊16　李維金・羅有亮・侯興鄒・侯健［捜集整理］『LOL NDRUAL（1）雲南苗族民間故事』雲南民族出版社　一九九七　一三一〜三四頁

＊17　張紹祥・張光照［編］『太陽月亮守天辺』貴州民族出版社　一九九一　九八〜一〇七頁

＊18　中国民間文芸研究会広東分会［編］『甘基王』花城出版社　一九八四　八九〜九七頁

＊19　中国民間文学集成広西巻編輯委員会［編］『中国民間故事集成　広西巻』中国ＩＳＢＮ中心出版　二〇〇一　五六三～六四頁

＊20　西林県民委、文化局［編］『西林県民間故事集』一九九〇　一八九～九四頁

＊21　寒凝然［編］『哈尼族民間故事（六）』雲南民族出版社　二〇〇四　一四九～五五頁

＊22　尚仲豪・郭思九・劉允禔［編］『佤族民間故事選』上海文芸出版社　一九八九　九九～一〇二頁

＊23　西双版納傣族民間故事編輯組［編］『西双版納傣族民間故事』雲南人民出版社　一九八四　一八一～八五頁

＊24　李徳君・陶学良［編］『彝族民間故事選』上海文芸出版社　一九八三　二四一～四五頁

＊25　金栄華『民間故事類型索引（二）』中国口傳文学学会　二〇一四　三九〇～九一頁

＊26　小島瓔禮『猫の王』小学館　一九九九　二五一～五六頁

＊27　同書、二二七～四四頁

＊28　拙稿「中国西南少数民族の食屍伝承」、『説話・伝承学』第十五号　説話・伝承学会　二〇〇七　九二～一〇八頁

＊本稿は、崔仁鶴先生が韓国支部代表（当時）を務められていた、アジア民間説話学会第十一回国際シンポジウム大会（二〇一〇年・臨安市）において口頭発表し、後に「東アジアの『ものいう動物』」という題でまとめた報告（『日本支部研究発表論文集』アジア民間説話学会　二〇一一）を元にしている。今回、韓国に焦点をあてた形でまとめ直してみた。

崔仁鶴先生インタビュー

聞き手　樋口淳（二〇一九年八月二七日　韓国国立民俗博物館にて）

1．昔話を誰から聞いたか

私は、一九三四年に慶尚北道の金泉で生まれ、子どもの頃に、温突（オンドル）で暖められた内房（アンバン）で錫の火鉢を囲んでお母さんからよく話を聞きました。

一緒に話を聞いた弟は興味を示さなかったのですが、私は話を聞くのが好きで、虎の話などは何度も繰り返しせがんで聞きました。同じ話でも、そのたびごとに、ちょっとずつ違うんですね。今は七話くらいしか覚えていないが、とても面白かったです。

お母さんは疲れているので、一つか二つ語ってくれると眠ってしまいます。そんなときは舎廊房（サランバン）のお爺さんのところに走って行って話を聞きます。お爺さんは、よくトッケビの話をしてくれました。その頃は、トッケビは私たちの友だちのように親しい存在でしたが、鬼神（幽霊）の話を聞いたときは怖くて、お母さんのいる内房に帰ることができず、そのまま泊まったこともありました。「お日さまとお月さま

の由来（KT101）」「ハルミの花の由来（翁草）（KT64）」「コンジとパッジ（KT450）」「ホンブとノルブ（KT457）」などは何度も聞いてよく知っている話でしたが、何度同じ話を聞いても初めて聞くようなふりをして、最後まで語ってもらいたくてハラハラドキドキしてじっと黙って聞いていました。

中学校時代に、近所に文（ムン）くんという友達がいて、その年上のお姉さんが素晴らしい語り手だったことも覚えています。

とにかく話を聞くのが好きで、老人たちが集まって話をしているのを、後ろからそうっと近づいて盗み聞きをする。そうすると見つかって、「大人の話を聞くんじゃない、あっちへ行け」と追い払われるんです。今は、敬老堂のような集会場がありますが、昔は仕事の合間に大きな木の蔭に集まって、マッカリなんかを呑みながら話をするんですね。そういう時は、昔話よりも伝説の方が多かった。

私は伝説も昔話も区別なく、「はあ面白い、はあ面白い」と聞いていました。いま思えば、こうした子どもの頃の経験が、私に児童文学を書かせたり、昔話を研究させたりするきっかけになったような気がします。

2. 青年時代の児童文学修行と大学での勉強

そして一九五〇年に韓国動乱（朝鮮戦争）が起こった。その後、二〇歳くらいから童話を書き始め、二十五、六歳の頃に書きためた二〇話くらいの作品を朴洪根先生に見てもらいました。一九六六年に明知大学を卒業した後に、少しの間、教会の幼少年部を担当したとき、自分の作品を子どもたちに聞かせ

る機会もありましたね。

私の創作は、伝説を素材にしたフィクションから始まりましたが、純粋なフィクションというよりは、親子の問題のように現実に即した生活童話が多かったです。

一九六六年に入学した慶熙大学の国文学専攻の修士課程では、口碑文学の勉強をするかたわら、児童文学をテーマにした修士論文を書きました。修士論文の題は『童話の特質と発達過程の研究』でした。目次は三章から成っていますが、その第二章で昔話を取り上げ、童話との関係を論じました。現在の韓国では昔話をもとにした児童文学作品が多く見られますが、当時の韓国では、昔話が童話と深い関係をもつことに気づいた研究者はいなかったと思います。

ですから、ご指導いただいた趙炳華先生には、ずいぶんお世話になりましたが、劇作家や詩人などの文学者から助言をいただくことも多かったです。

たとえば朴洪根先生は、中央放送（現KBS）の放送作家で、私に童話に基づいた児童劇を書くことを勧めてくれて、プロデューサーが私の作品をクリスマスに「歌う花の園」という十五回の連続ドラマにしたこともありました。それをきっかけに二、三編のドラマを書き、一九六七年には世界の昔話を五〇話集めて、それぞれの話に解説を加えて『教育說話資料』を出版しました。韓国では、初めての世界昔話集でした。

しかし、こうした状況にどうしても飽き足らず、留学を志

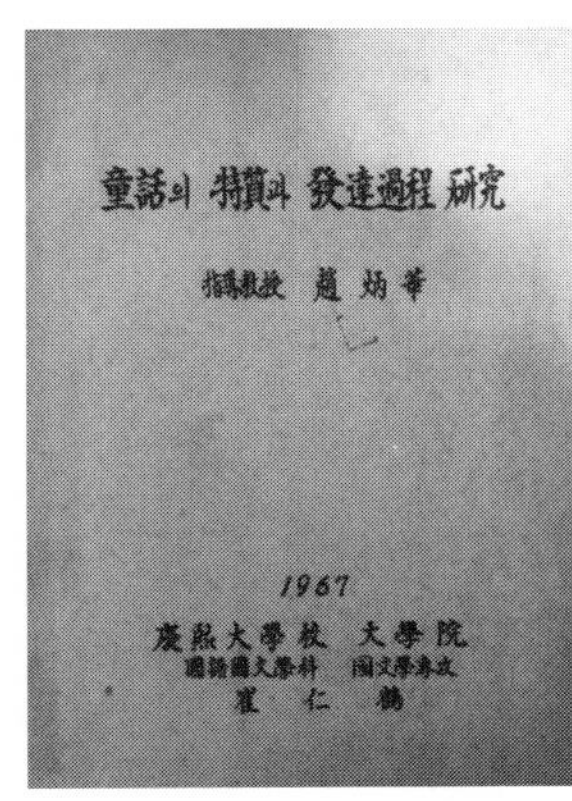
童話의 特質과 發達過程 研究

指導教授 趙炳華

1967
慶熙大學校 大學院
國語國文學科 國文學專攻
崔仁鶴

すことになったのです。

3．日本留学

私は最初、日本ではなくアメリカに留学するつもりでした。家内の厳鎔姫をアメリカに出立させて、私だけがビザを取得して三ヵ月だけ日本に立ち寄ることにしたのです。

当時、延世大学に金森襄作さん、ソウル大学に菅野裕臣さんが留学中だったので、時々会って韓国と日本の児童文学や説話文学について話をする機会がありました。そして駒込の東洋文庫に韓国文献説話の貴重な資料があることを知り、東洋文庫に手紙を書き、当時理事長の細川護立先生から招請状をもらうことができたのです。

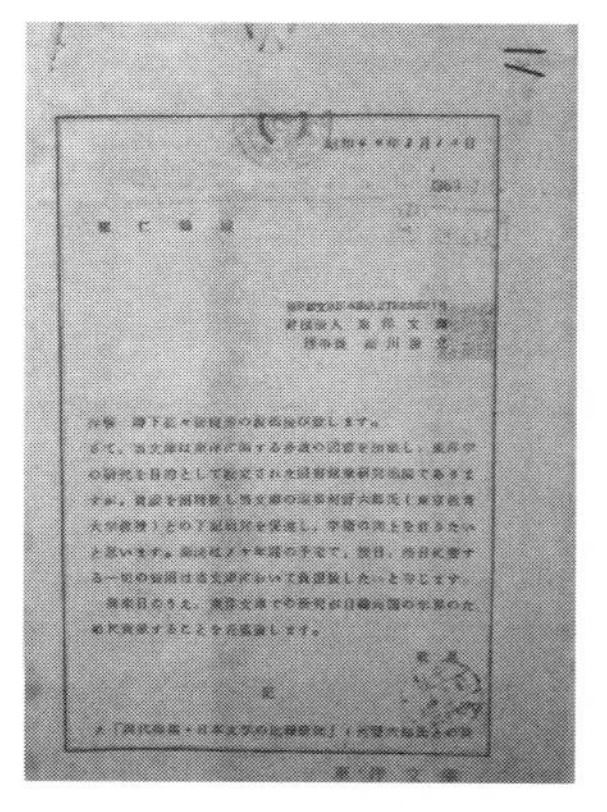

東京教育大学出身の菅野さんが「恩師の河野六郎先生が東洋文庫理事で、漢文と韓国語に造詣が深いから、ぜひ訪ねてごらんなさい」と言うので、東京に着くとまず河野先生を訪ねました。

先生はとても親切にしてくれました。一ヵ月ほど過ぎたある日、先生は私が文献のカード整理をしているとき傍（そば）に来ました。そしていろんな話をしました。特に安東地域の儒教冠禮について話を交わしたと思います。その日、別れるとき先生は私に「君は児童文学もやっているね。それでは民俗学の勉強をしたことがあるか」と訊きました。私が「ありません」と答えると、「説話の研究をする場合には、日本では民俗学を勉強する。国文学でも説話をやるが、民俗とは違うから、民俗を勉強しなさい」と言い

ました。そして先生と二、三度会って話をするうちに「民俗学を勉強するのに、東京教育大を紹介してあげよう」ということで、教育大に連れていかれました。

4．東京教育大学入学と日本語の修得

教育大で最初にお会いしたのは和歌森太郎先生です。隣に直江広治先生が坐っていて「英語ができるか」と聞くので、英語で話をすることになりました。その時、和歌森先生が直江先生に「教育大には韓国語の分かる若手がいないから、この人を採ろうか」と言ったそうです。そして和歌森先生が、私に向かって「あなたはアメリカに行って勉強してもあまり意味がない。アメリカはやめてここで勉強しなさい」と勧めるので、私は「はあ、そうか」と思いましたが、家内はもうアメリカに行ってしまったし、悩みが多くて「先生、考えてみます」と答えました。

そして、しばらく考えて、私は日本にとどまる決心をしました。なぜそう決心したかというと、それは直江広治先生の人柄が素晴らしかったからです。直江先生は日本人というより東洋人で、実に懐が深かった。竹田旦、宮田登、二人の先生も親切に応じてくれました。

和歌森先生は私に日本史学を勉強させたかったが、私は当時「史学方法論」と呼ばれていた民俗学専攻の直江先生の指導を受けたいと答えました。

そしていざ博士課程の試験を受ける段になると、日本史専攻の教授であった桜井徳太郎先生や家永三郎先生との面接があって、家永先生が「あなたは三品彰英が分かるか」と尋ねたので「分かりません」

と答えると、「そうか、日本語も分からないから無理だなあ」と言われて、結局あと一年間日本語の勉強をすることになりました。

それから日本語の勉強をしたんですが、特に先生がいたわけでもなく、まったく自分で勉強したんですね。これは秘密ですが、当時は漫画雑誌があふれていたので、それを読み漁りました。漫画の日本語は、日本語の話し言葉の理解にとても役に立ちました。

大学でお世話になったのは、研究室の副手の女性で、週に一時間くらい教えてくれました。あとは宮田登さんですね。当時、宮田さんは助手で、友人をたくさん紹介してくれた。宮田さんが一番骨をおってくれたでしょう。

一年たつと日本語を話したり聞いたりすることができるようになったので、博士課程の試験にも合格しました。和歌森先生もびっくりして「この調子でやりなさい」ということになったのです。一九七〇年春のことです。

5. 昔話の聞き取り調査について

私は留学するまで、昔話の聞き取り調査の経験がありませんでした。韓国での説話研究はすべて文献研究で、朝鮮王朝時代の野談や、児童文学の伝来童話（昔話）は読んでいましたが、すべて文献研究でフィールドワークはしたことがなかった。児童文学の伝来童話といっても沈宜麟のような日帝時代のものは、本がなかった。沈宜麟の本は、東京にきてから東京外国語大学の図書館で初めて見つけたんで

す。沈宜麟のように重要な人が、韓国ではまったく知られていなかったんです。

韓国では、一九六八年から政府の文化広報部の主催で全国総合民俗調査が行われましたが、私は留学準備にいそがしくて、まったく知りませんでした。その後、夏休みに帰省した時に、任晳宰先生や任東権さんと出会って、とくに任東権さんとは慶尚南道や全羅南道を一緒に歩いて調査しました。すでに日本での聞き取り調査の経験があったので、テープレコーダーとカードを使って昔話と民俗の調査をしました。

日本で調査を指導してくれたのは宮田登さんです。博士課程二年生の時に茨城県の勝田市（現ひたちなか市）の調査記録を整理して、まず『勝田市昔話の分析的研究』（一九七二）という本をまとめました。私は、当時エバーハルトの台湾での調査記録を読んで興味を持っていたので、勝田の昔話の分析にその方法を適用したのです。勝田の昔話調査はその後も続き、一九七四年に『勝田の昔話と伝説』として公表されました。

6．韓国昔話の話型研究

私のライフワークになる韓国昔話の話型研究も博士課程二年の時に始まりました。当時、昔話の話型研究をしている研究者は教育大にはいなかったので、直江先生の紹介で関敬吾先生を訪ねて指導を仰ぎました。関先生は入院中だったので、私が先生のベッドの横に座って、先生の『日本昔話集成』の分類に倣って作成した韓国の昔話のタイプ・インデックスを見せると、先生は「いやあ同じものがたくさん

あるね」と喜んでくれて、その後、数えきれないほど先生と会って話し合いました。

関先生は話好きで、話始めるととまらない。そして私とトンプソンやエバーハルトの話をしている間に、先生が病院でまとめられたのが『日本の昔話』（日本放送協会出版）です。その時、同時に私の『朝鮮昔話百選』（同）のアイデアも生まれました。

ところが『日本の昔話』の方は、関先生が悪筆なので原稿が読めない。出版を引き受けた日本放送協会出版編集部の入部さんと長岡さんが「これをどう本にするか」と悩み抜き、私も一緒になって解読して、一九七四年の末に私の『朝鮮昔話百選』を出した後に、ようやく先生の本を出版することができたのです。

7．韓国での日韓合同調査

関敬吾先生の監修をいただいて、私が『朝鮮昔話百選』を出したのは一九七四年の十一月でしたが、その直後の十二月に第一法規から『韓国の民俗』が刊行されています。これは一九七一年に始まる民俗写真家の萩原秀三郎さんとの三度の韓国調査をもとにしたものです。とくに三度目の一九七三年の調査は、和歌森先生を団長とする第一回日韓合同民俗調査で、日韓の民俗研究者が一緒に全羅南道と慶尚南道の全域をまわったのです。

私と萩原さんは、当時教育大にあった「大塚民俗学会」という研究会で出会い、意気投合して一緒に韓国調査を始めました。

その後、宮田さんも加わって韓国各地を回りましたが、あれは素晴らしい調査でしたね。韓国のインフォーマントたちも気持ちよく応対してくれて、よい写真がたくさん撮れました。

8．韓国での仕事

一九七四年に韓国に帰って関東大学の助教授に就任して国文学科で民俗学の授業をいくつか担当することになりました。学生たちと昔話の調査をしましたが、当時の語り手はとても素晴らしかった。そして第一回の日韓口承文芸研究会を関東大学でやりました。日本からは臼田甚五郎、直江広治、荒木博之、山下欣一、野村純一、宮田登、竹田旦、大林太良などの研究者がやってきて、関先生も参加する予定でしたが、体調が悪くて来られなかった。これが私のやった民俗学の日韓交流事業の第一回です。その結果生まれたのが『東アジア民族説話の比較研究』（桜楓社）ですが、この研究会の経験が後の比較民俗学会につながっていくんです。

その後、明知大学、仁荷大学と職場はかわりましたが、その間ずっと学生たちと調査を続け、その成果の一部は三弥井書店から『韓国の昔話』として一九八〇年に出版されています。

9．『朝鮮伝説集』について

関東大学在籍中の一九七七年に日本放送出版協会から刊行したのが、『朝鮮伝説集』です。一九七四

年に『朝鮮昔話百選』を出した後に、直江先生と大林先生から「次は伝説集をだしてみたら」と勧められて、私自身の調査も加えて五八三話の伝説を、①発生および説明伝説、②歴史および地方伝説、③神話および信仰伝説という三つの柱で整理しました。

これは一九六二年のアントワープと六三年のブダペストで開かれた口承文芸国際大会でまとめられた伝説の国際分類案を韓国の実情にあわせたもので、関敬吾先生の分類案とも大筋で一致しています。

韓国には崔常壽の『韓国民間伝説集』（一九五八）や柳増善の『嶺南の伝説』（一九七一）にみられるように優れた伝説資料が多く、今回の『韓国昔話集成』にも多くが紹介されています。

10．『A Type Index of Korean Folktales』の出版について

明知大学時代の一九七九年に、『韓国昔話の研究』に収めた韓国昔話の話型分類をもとにして英文で『A Type Index of Korean Folktales』というタイプ・インデックスを出版しました。これは、二〇〇四年にハンス・ウターによって改訂された新しい国際話型分類（ATU）に収められたので、今では韓国の昔話は世界中の人たちに開放され、英語さえ読めれば誰でも研究対象にできるようになりました。ウターのおかげで、『韓国昔話の研究』や『韓国昔話集成』の読者は、日本の昔話だけでなく世界の昔話と韓国の昔話を比較研究できるようになったのです。私は、ウターにとても感謝しています。

11．任皙宰先生について

韓国昔話の個人的な聞き取り調査は、私の世代では任東権さんと私くらいですが、それに先立つ世代には任晳宰先生という先駆者がいます。

日本の植民地時代には、もちろん鄭寅燮と孫晋泰という素晴らしい研究者がいるのですが、この二人の資料は日本語で出版されたので、韓国ではほとんど読む人がいません。任晳宰先生も、孫晋泰や鄭寅燮や秋葉隆とともに朝鮮民俗学会を支えたメンバーでしたが、先生は、現在は北朝鮮領となってしまって私たちが立ち入ることのできない咸鏡道や平安道で調査を行い、韓国語で貴重な記録を残しました。

先生は一九〇三年に忠清南道論山で生まれ、一九二四年に入学した京城帝国大学で心理学を専攻しました。民俗学の研究者としての活動は一九二七年に予科を修了した後のことで、秋葉隆と赤松智城のシャマニズム民俗調査の助手を務めて、一九三〇年に刊行された朝鮮民俗学会の機関誌の第三号に「朝鮮の異類交婚譚」という異類婚姻譚についての論文を書いて民俗研究者としてデビューしました。

先生の昔話記録が本格化するのは一九三一年に平安北道の宣川信聖学校に赴任してからで、先生自身の聞き取りのほかに学生たちにレポートを課して多くの話を記録します。学生たちには「よい記録を残すためには、文章に手をいれてはいけない。記録に加筆、添加、削除、補完をしないように」と厳しく指示したそうです。

一九八九年の六月に『任晳宰全集・韓国口伝説話』全十二巻が完結した時のお祝いの会で、古希をはるかに越えた当時の教え子たちが集まり、休暇中に故郷に帰って昔話を記録した思い出を口々に語っていたのが思い出されます。

平安道や咸鏡道での調査は一九四二年にソウルの養正中學校に赴任するまで続き、この間の貴重な記録は、『任晳宰全集・韓国口伝説話』に収められています。

先生の記録には、昔話の語り初めの言葉（発句）から語り納めの言葉（結句）までが正確に記録されることがあり、テープレコーダーもなく、再話や創作が主流であった当時としては、民俗学的な価値の高い貴重な資料となっています。

一九四五年の光復後は、ソウル大学校師範大学（学部）の心理学教授に就任して、一九四六年に韓国心理学会を結成して会長に就任しました。五八年には韓国文化人類学会を結成し、やはり会長を務め、一九六八年に始まる全国総合民俗調査でも主導的な役割を果たされました。

12．比較民俗学会の設立と任晳宰先生

一九八三年十月二二日に国立民俗博物館で、「祭儀と女性」というテーマで日韓比較民俗学シンポジウムが開催されました。最初は主催団体もなく、気の合う数人が「日韓比較民俗学シンポジウム準備委員会」を結成し、実行したのです。すると韓国の研究者二十人と国外の研究者十人が参加することになりました。

二日間にわたる会議は成功におわり、比較民俗学国際シンポジウムの継続の必要を感じた私たちが最長老だった任晳宰先生に相談すると、先生は積極的に賛同してくださいました。そこで私たちは、意を決して、シンポジウムの最後に決起総会を開き、比較民俗学会を組織しました。そして任晳宰先生を顧

問に、金東旭先生を会長に選出し、私と崔吉城さんが副会長、金宅圭さん、池春相さん、崔來沃さんたちが理事に就任したのです。

一九九一年の比較民俗学会では、当時八十八歳の任晳宰先生に「楊州別山台ノリ（遊び）、鳳山タルチュム（仮面劇）、康翎タルチュムについて」という発表をしていただきました。八十八歳を迎えた高齢であったにもかかわらず、過去の思い出話を聞かせてくださったのは、学会にとって幸いなことでした。

【インタビューを終えて】

1．昔話研究の誕生

このインタビューは、お母さんや近所のお爺さんたちの話を「はあ面白い、はあ面白い」と言って聞くうちに昔話の深い森に迷い込んでしまった崔仁鶴少年が、いつの間にか自分でお話を書き、大学で朝鮮王朝の「野談」（漢文説話文学）を学び、教会に集まる子どもたちに語り始め、あわせて読んだ世界の昔話（『教育説話資料』）の中に子どもの頃に出会ったのと同じような「面白い話」を見つけて、とうとう留学を決意するに至った「心の成長物語」です。

大人になって異国に旅立った崔仁鶴先生は、立ち寄った日本で河野六郎先生と出会って、和歌森太郎先生や直江広治先生に引き合わされて民俗学を学ぶことになります。そして宮田登先生から昔話調査の

手ほどきを受け、写真家・萩原秀三郎さんと調査を重ねて韓国各地を歩き、素晴らしい民俗写真集（『韓国の民俗』第一法規・一九七四）を刊行し、関敬吾先生の指導で韓国昔話のタイプ・インデックス（『韓国昔話の研究』）を完成します。この一連の作業のなかで「昔話とはなにか」、「昔話を支える暮しはどうなっているか」、「昔話の体系的分類とはどのような仕組みか」を理解し尽くしたのです。

なかでも関先生とタイプ・インデックスを作成する作業を通じて、子どものころに聞いた話や大学で学んだ野談や世界の昔話が一挙に整理され、昔話の深い森に明るい光が差し込みます。この明るい光に導かれて『朝鮮昔話百選』（一九七四）や『韓国民話集』（一九八〇）、そして『朝鮮伝説集』（一九七七）のような名著が生まれました。これらは日本の昔話研究者にとっては必携の書ですが、いずれも韓国で出版されることはありませんでした。日本と韓国の昔話研究の視点の違いがよくわかります。今回の『韓国昔話集成』も、このタイプ・インデックスが出発点になっています。

2. 日韓昔話の比較研究

『韓国昔話集成』の八巻に収められた話を手掛かりとして、私たちは誰でも韓国と日本の昔話やその背景となる文化の相違を知ることができます。しかし、そこから両国の全ての昔話に通底する相違点を明らかにすることは、難しいと思います。

というのは、本巻に収められた斧原孝守さんの「兄弟と犬」と「真似する石亀」についての論文を見れば分かるとおり、昔話は思わぬネットワークを通じて国境を越えてしまう不思議な力を持っているか

らです。しかも、その話がある地方や国や大陸に固有なものであることを証明することは不可能です。さらに話がいつ誕生したのかも分かりませんから困ってしまいます。

たとえば古事記や日本書紀に見える「海幸彦・山幸彦」の話は、神武天皇の出自にも関わる話ですが、この類話や類似モチーフが世界中のあちこちに散らばっているとしたらどうでしょう。日本人の私たちにしてみれば「オリジナルは日本で、その特色は」と言いたいところですが、無理です。

しかし、「海幸彦・山幸彦」には沢山の類話が世界や日本の各地にありますから、古事記に収められた話を、韓国やフランスの類話と比較して、日本の話の特色を研究したり、日本各地の異類婚姻譚と比較したりして、そこから古事記に収められた話の特徴を抽出することは可能です。研究者のレベルでは韓国や日本の個別の話の比較研究はしますが、その研究が昔話全体の比較に及ぶことはありません。一般論への言及は避けられるのが普通です。今回のインタビューで、この問題を崔先生にお尋ねしなかったのはそのためです。

崔先生の韓国昔話の体系的な研究は、『韓国昔話の研究』（弘文堂・一九七六）に収められた「韓国昔話の分析」があり、そのエッセンスは、本シリーズ『韓国昔話集成』第一巻の「韓国昔話集成の構成」に示されています。「桃太郎」「花咲爺」「浦島太郎」「勝々山（かちかちやま）」「一寸法師」「舌切雀」という六大昔話や「火の神」や「トケビ」をめぐる個別の話の韓日比較については『韓日昔話の比較』（三弥井書店・一九九五）で論じられていますが、個別の昔話のなお詳細な解説は、『韓国昔話集成』に収められた各話の【解説】に譲りたいと思います。

とは言うものの、韓国と日本の歴史と文化の構造を比較してみると、大きな違いが見られることも

確かです。そこで、試みに韓国儒教の世界観を中核に据えて、韓国昔話の構造について私見を述べてみたいと思います。韓国の昔話は、歴史的に積み上げられた文化遺産として複雑な様相を示していますから、その構造の全貌は韓国儒教という狭い視点からだけでは明らかにすることはできません。しかしその一方で、今日に伝えられる昔話の多くが韓国儒教の強い影響下に育まれ、人々のあいだに広められていったことも事実だと思われます。

3. 韓国昔話の構造

3－1. 儒教・科挙・両班・族譜・孝行・烈女

韓国は、古い儒教の伝統を有していますが、「永代・父系直系家族」を至上とする長子相続の男子優位社会が確立するのは「族譜」と呼ばれる家系図が敷衍する十七世紀以降であろうと思われます。この時代になると、しだいに女子の地位は貶（おとし）められ、族譜にも「何々氏から嫁いだ女」と記されるだけで、家柄が高ければ高いほど屋内に閉じ込められ、不自由な生活を送る存在となります。この厳しい環境の中で女たちは操の正しさを強要され、再婚は不可能で、婚約者が結婚前に死んでも「未亡人」扱いされて、いっそう家に閉じ込められることになったのです。「烈女」として顕彰されるのは、この厳しい掟を貫いた女性です。

男たちは族譜に従って祖先祭祀を行い、やがては祖先となる親を絶対視し、孝養を尽くさなければな

りません。年老いた親の食事を供するために我が子を犠牲にするような極端な話が「孝行譚」として語られるのもそのためです。

女子は、一度嫁げば「出家外人」と言われ実家から遠ざかり、嫁として嫁ぎ先の両親に孝養を尽くさなければなりません。しかも男子を産むことができなければ「石女（うまずめ）」として離縁されたり、男子を得るために雇われた第二夫人と同居しなければならなくなることもありました。また夫が長期にわたって不在の間も両親に仕えなければなりません。嫁いだ女性が安定した地位を手に入れるのは男子を出産し、両親が還暦を迎えて、一家の主婦の座につく時です。もしそれまでに長男が嫁を迎えていれば、彼女は嫁を従える女主人となり「一家を取り仕切る」権利を得ることができるのです。

3－2．胥吏（しょり）・妓生（キーセン）・医師・行商・盲人・ソンビ・閑良（ハンリャン）・僧侶・未亡人・盗賊

こうした堅苦しい両班たちとは対照的に、昔話の世界で自由に活躍するのは、その外側に住む下級官吏（胥吏）、妓生、医師、行商、盲人、木こり、風水師などの周縁的な存在です。その他にも、科挙を目指さない貧乏士人（ソンビ）、自由に旅する閑良、村のはずれで酒幕（居酒屋）を営む未亡人、儒教によって山に追われた僧侶、さらには盗賊です。

医師を除いて、こうした周縁的な人たちが肯定的に語られることは少なく、狡猾であったり、愚かであったり、残酷であったり、なにか特別な刻印を押されていますが、彼らの活躍なくしては物語の世界がなりたたないほど重要な役割を果たします。未亡人は、両班を誘惑し、盗賊は両班の富を奪います。

3－3．ヘビ、キツネ、トラ、シカ、ウサギ、カササギ、ニワトリ、ウシ、ムカデ、ニンジン

さて以上のような人間たちの外側に住んで、見え隠れしながら突然立ち現われるのがヘビ、トラ、キツネ、シカのような動物やニンジンのような植物です。ヘビ、トラ、キツネ、シカ、ウサギ、カササギは韓国の人々にとって身近な野生動物で、日本のヘビ、キツネ、タヌキ、オオカミ、ウサギと同じ役割を果たし、人間を化かしたり、窮地に陥れたりしますが様子が少し違います。トラは山の神の眷属で、超自然的な力を発揮し、なにより人、特に僧侶に変身します。ヘビにはイムギという大蛇がいて、あと一歩で龍になり天界に昇る存在です。キツネは野ざらしの白骨を齧(かじ)って変身し、人里に入って恐ろしい力を発揮し、九尾の狐は美女に化けて人を脅かします。ウサギとカササギはトラとともに描かれる民画のトリオで、力強いトラをからかい、脅かします。ニワトリ、ウシは家畜で、ムカデは家に住みつく虫ですが、いずれも歳を重ねると人に害をなします。ヘビも人里に住むと美女に変身して若者を誘惑します。

こうした人間と親しい自然の中の存在で、とびぬけた威力を発揮するのはニンジンです。ニンジンは、現在では畑で栽培されることが多いのですが、野生で特に人間の姿をして地中深く根を張ったものが「山蔘」として珍重され、破格の値段で取引されます。ニンジンは、単に薬効があるだけでなく、災害を知らせたり、人の身代わりになったり、神のような役割りをはたします。

3－4．鬼神とトッケビ

韓国の昔話世界のさらに外側に住み、しかも人間ともっとも深く関わるのが鬼神とトッケビです。鬼神とトッケビは違いますが、同じ存在だと考えられることもあります。

鬼神は、物語世界の中核に位置する両班・族譜・祖先祭祀からまさに弾き飛ばされた存在です。韓国では、死者は人間の老人と同じように年下の者の敬意を受け、祖先祭祀を通じて相応の供養を受けます。ところが、死者の中には、未婚であったり、男児を残すことが出来なかったために、祖先祭祀に必要な「永代・父系直系家族」を築けなかった人がいます。その人たちは決められた祭祀を受けることが出来ず、あの世とこの世の間を餓鬼として彷徨（さまよ）い、残されたものに害をなす存在となります。これが鬼神です。父系直系家族の族譜をみれば分かる通り、実は祖先祭祀を受けられる数の者は限られていますから、時と共にこの世は鬼神だらけになってしまうのです。

韓国では、現在でも、こうして宇宙に蔓延した鬼神を恐れて、身内が鬼神にならないように、巫堂（ムーダン）を招いて水死者の供養をしたり、結婚することなく終わった子どものために死後結婚の儀礼を行ったりします。しかし最も多く巫堂に頼るのは、原因不明の病に苦しむ者が身内に出た時で、無数に漂う鬼神のうちどの鬼神が病者に崇っているのかを巫堂につきとめてもらい、その怨みを晴らしてあの世に旅立ってもらいます。病人に取り憑いた病は、とりあえずこれで消えると信じられているのです。

しかし昔話に登場する鬼神は、こうした儀礼による癒しを簡単には受け付けません。最後までその怒りを鎮めることなく、無慈悲に人を死に追いやるのです。するとその死者はまた鬼神となり、この世の鬼神の数が増えます。

このように「死者の恨の連鎖によって生まれる鬼神」とは違って、トッケビは死者ではありません。日本の妖怪と同じような存在であると考えていいでしょう。崔先生は『韓日昔話の比較研究』（三弥井書店・一九九五）に収められた「トケビ話」の中で「（韓国の）昔話に登場するトケビは日本の昔話にでてくる鬼（妖怪）と同質なものだと考えて間違いないと思う。西欧の昔話に登場する妖精またはゴーストなどの役割も韓国昔話に登場するトケビとだいたい一致している」と述べています。

崔先生が、この論文の中で指摘しているのは、トッケビの両義性です。トッケビは、人間に金銀を与えて幸せにするかと思えば、いきなり命を奪ったりするのです。この性格は確かに日本の鬼や河童などに似ています。西欧の場合も、たとえば「眠れる森の美女」の「美女に幸せを授ける妖精」と「呪いをかける妖精（マレフィセント）」の対比をみれば納得がいくでしょう。

崔先生が、もう一つ指摘しているのは「トッケビと人間の日常的な交わり」です。韓国のどこの村に行って話を聞いても「トッケビと相撲を取った話」や「トッケビの火をみた話」を聞くことができるというのです。日本の場合も「河童と相撲を取った話」はよく聞きますし、狐火やキジムナー火の話は今でも聞くことができます。

そして崔先生の指摘のなかで一番興味深いのは、「トッケビが豊漁をもたらす力を発揮するので、財宝神と同じく令監（ヨガム）とか参奉（サンボン）という敬称で呼んだり、家の神として祀ったりする」という点です。この神としての性格は、沖縄のキジムナーにも共通していますし、日本本土でも河童や山姥を神に祀ることが見られます。

私が調査した慶尚北道醴泉郡の村の老人は「陽が落ちて真っ暗になると鬼神の時間だ」と言って村人

がトッケビと相撲を取った話を語ってくれました。この老人にとっては、鬼神とトッケビは違うモノですが、夜の闇を支配する不思議な存在としては同じで、恐ろしくも親しいモノノケなのです。

3－5．天帝・天人・仙女・神仙・龍王・龍女

さて、こうした中心と周縁の一番の外側に存在するのが、天帝や天人、仙女や仙人、龍王や龍女の住む異界です。この世界は、「怪力乱神」を語らない儒教の力の及ばない世界ですが、崔先生は『韓国昔話の研究』で「韓国で伝承されてきた三天思想」について述べています。世界が天上、地上、地下の三層構造になっていて、天上には天帝、ハヌニム（天道さま）、地上には人間、地下には悪の化身が住む物語は、巫堂の語る「成造神歌」（KT736「家神と地神」）や「パリ公主」でも明らかですが、昔話の世界ではこの三層構造がさらに複雑です。おそらくは、巫堂たちが広大なモンゴル高原から受け継いだ天（テングリ）の世界は、韓国に至って海や川や沼と出会い、龍王や龍女の住む海や水底の世界を知り、深山の奥に山神や神仙の住む異界を組み込み、天界は天帝や天女の住むところとなったものと思われます。この出会いによって、「きこりと天女」（KT205）のような異類婚姻譚や、「何百年ぶりに帰って来た木こり」（KT300）や「龍王の姫と玉手箱」（KT306）のような仙界や龍宮の訪問譚、さらには「金剛山の狐と栗谷」（KT307）のような狐と龍王と玉帝上皇（天帝）の壮絶な戦いの物語が生まれたのだと思います。

この最後の層の異界は、韓国と同じく山と海に恵まれた日本の異界の構造（天上と山上、海と水底・地下）

に似ていますが、物語の展開やモチーフが異なります。崔先生がとくに注目するのは地下世界に住む怪盗を退治する「地下国の怪盗」（KT284）などの怪盗退治の話です。そこには「海幸彦・山幸彦」に登場する龍宮のような壮麗な宮殿が地下世界に出現します。山奥にはまた神仙の世界があり、山神が住み、巨大な虎が住んでいます。

日本でも『遠野物語』に語り継がれたように、山は死者の魂の行き着く場所であり、山男や山女の住む異界ですが、韓国の山はまた違った物語を生む不思議な場所でもあるようです。

4．まとめ

韓国の昔話の中心の一つには、おそらく十七世紀以降強化された科挙・族譜・祖先祭祀という男性中心の韓国儒教の原理があります。この傾向は朝鮮王朝末まで拡大強化され、現在まで昔話の世界で生きています。しかしこの中心に位置する両班たちの物語の多くは悲劇的で、広がりを欠いています。韓国の語りの生き生きとした力は、むしろこの中心をはずれた胥吏・妓生・医師・行商・盲人・ソンビ・閑良・僧侶・未亡人・盗賊のような周縁的な人々が、彼らをとりまくヘビ、キツネ、トラ、シカ、ウサギ、カササギ、ニワトリ、ウシ、ムカデ、ニンジンのような不思議な動物や植物と交わり、鬼神やトッケビに脅かされながら、時には思わぬ富を授かるところから生まれます。

そして物語は、その最後の外側にある異界へと広がっていきます。

この同心円状の五つの世界は、もちろん、ばらばらに切り離されたものではなく、人も獣も神も自由にその境界を行き来します。そこに韓国の昔話の豊かな世界が繰り広げられていくのです。

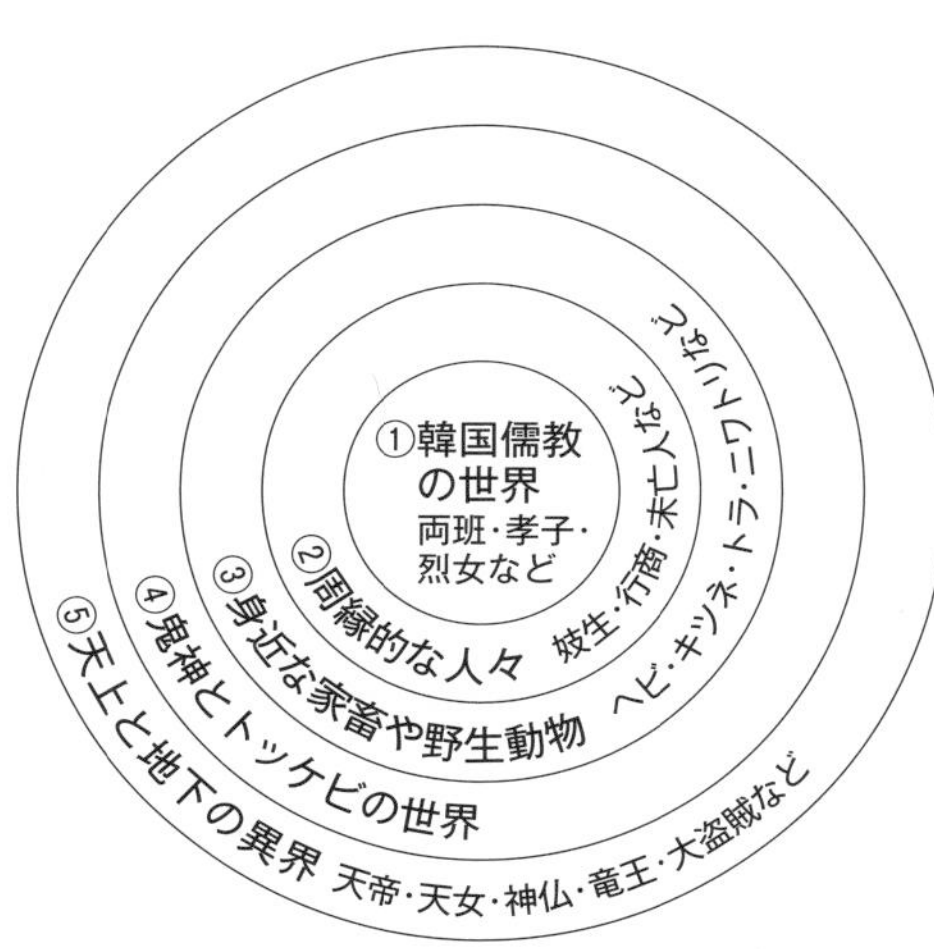

崔仁鶴先生は、例えばこの重層構造に見られるような韓国昔話の複雑な構成を整理し、さらに多種多様な物語を私たちに提示し、それぞれの話や話群を通じて、韓国の基層文化を明らかにし、日本昔話との比較の道を拓き、私たちの前に、韓国の文化や歴史だけでなく、日本の文化や歴史の構造を読み解く手掛かりを与えてくれたのだと思います。崔先生が比較民俗学会などを通じて、日韓の民俗学交流に力を注いできたのも、「みんな違って、みんないい」韓国と日本の歴史と文化を深く理解し、その違いを「はあ面白い、はあ面白い」と辿って、その楽しみを私たちと共に分かち合うためであったと思われます。

あとがき

二〇〇七年に着手した『韓国昔話集成』日本語版の翻訳を、ようやく完成し、みなさんのお手元にお届けすることができました。原著である『옛날이야기꾸러미（昔話集成）』は全五巻の構成ですが、日本語版は全八巻となりました。

これは日本版に、原著にはない「日本の読者向け解説」と幾つかの「類話」をつけ加えたことが一つの原因ですが、それ以上に「多彩な韓国昔話を日本の読者に分かりやすく伝える」翻訳・編集の難しさに原因があったと思います。

韓国の昔話には、世界の始まりから現在にいたるまでの長い時間と、韓半島全域から中国や日本、場合によっては天上や地下の世界や地の果てに至る広大な宇宙の広がりが語り込まれています。韓国の人々には親しいその世界を日本の読者に伝えるには、やはり長い回り道が必要とされました。

ここで『韓国昔話集成』の特徴をいくつか振り返ってみたいと思います。

1．日韓昔話比較研究のさらなる進化

インタビューにも見られるように、昔話の話型研究と国際比較、特に日韓比較研究は、崔仁鶴先生のライフワークの一つです。

先生は東京教育大学留学時代にアールネ・トンプソンの昔話のタイプ・インデックスやエバーハルトの中国昔話研究と出会い、『日本昔話集成』の著者である関敬吾に直接指導を受けながら『韓国昔話の研究』を刊行されたことはよく知られています。

『韓国昔話の研究』は、アールネ・トンプソンの①動物昔話、②本格昔話、③笑話、④形式譚、⑤分類できない話という五つの話型分類項目に、⑥神話的昔話という独自の項目を加えた六百六十六の話型によって構成されています。この構成は関敬吾の『日本昔話集成』にならって「動物の由来」「異類婿」などの下位分類が作成されていますから、『韓国昔話の研究』の第四章に掲げられた「韓日および日韓昔話対照表」を参照すれば、誰でも日韓の昔話を簡単に比較し、その話型構成から彼我の語りの相違点にたどりつくことができます。

またこの「韓日および日韓昔話対照表」の分類は崔先生が日本で刊行した『朝鮮昔話百選』や『韓国の民話』という優れた昔話集と連動していますから、日本の読者は多くの韓国民話と日本民話の話を読み比べ、日韓の民俗についての理解を深めることが日本語で出来るようになりました。さらにまた崔先生の資料集に先行する鄭寅燮の『温突夜話』や孫晋泰の『朝鮮民譚集』という日帝時代の資料集にさかのぼれば、かなり具体的で高度な日韓昔話比較研究が可能になりました。

しかしながら、私のように漢文や韓国語の理解が足りない者にとっては、『韓国昔話の研究』に提示された六百六十六の話型や梗概からだけでは、話の細部にたどりつくことができず「隔靴掻痒（かくかそうよう）の感」つまり「もどかしさ」が残ったことも確かです。

この「もどかしさ」は、鄭寅燮や孫晋泰の日本語資料や漢文資料を読むことのない韓国の昔話研究者にとっても同じであったに違いありません。崔先生が、韓国語で『옛날이야기꾸러미（昔話集成）』を執筆された意図もそのあたりにあったのではないかと思います。

事実、本シリーズ『韓国昔話集成』を紐解くと、これまで『朝鮮昔話百選』や『朝鮮民譚集』では決して出会わなかった話に、いくつも出会います。嫁姑・舅、夫婦、兄弟の葛藤や、烈女や孝子といった儒教倫理の悲劇などは、これまでにも知られてはいましたが、具体的な語りを通すと更に奥深い真実が迫ってくるような気がします。

伝統社会に生きた庶民の狡知譚も、異類婚姻や地下の怪盗退治も、狐や虎やムカデなどの化物譚も、哄笑をさそう愚人譚も、日韓に通底していながら異質の世界に出会い、従来の理解の修正を迫られる場面も多いと思われます。

韓国語版の『옛날이야기꾸러미』と日本語版の『韓国昔話集成』は、こうした語りの世界の多様性を日本の読者だけでなく、韓国の読者にも具体的につきつける力があります。ここに分類され、収められた語りの数々は、日韓昔話の比較研究だけではなく、韓国の伝統社会と現代社会の深層に埋め込まれた世界を理解するうえで、日韓の若い世代の読者に欠くことの出来ない資料を提供することになるでしょう。

2. 収録資料の多様性

『韓国昔話集成』のもう一つの大きな特徴は、韓国昔話の記録から日本人の記録者や日本語による記録を排除しなかったことです。これは日本人の私たちには当たり前のように感じられますが、日本の植民地支配を絶対悪として全否定することが多い現在の韓国では、きわめて例外的なことだと思われます。

口承文芸の世界には、日本でも『古事記』『日本書紀』『風土記』のように語り部が伝えた神話や伝説があるように、韓国にも『三国史記』や『三国遺事』のような記録があります。日本に『御伽草子』『宇治拾遺』などに代表される「室町物語」があるように、韓国の朝鮮王朝時代にも「野談」という説話集が数多く存在します。

ただ日本の『御伽草子』『宇治拾遺』が江戸時代に入ると「仮名双紙」「浮世双紙」などとして庶民の間に広く読まれるようになったのとは対照的に、「野談」は両班階級の間でのみ通用する漢文のままにとどまったので、文字を通して庶民の間に広まることはありませんでした。

しかし、たとえば十五世紀に成俔の著した『傭斎叢話』に見られる「渡水僧」のように、両班たちが漢文で記録した話も、もとは庶民の語った話の記録ですから、口伝えの昔話は長い歴史を通じて語り伝えられて来たに違いありません。麦畑を川と間違えて裾をからげて渡る「渡水僧」（KT648）の話は、日本でもソバ畑を川と間違えて「おお深い」と渡った愚人の話として各地に伝えられています。

また韓国の本格的昔話集の嚆矢とされる孫晋泰の『朝鮮民譚集』（一九二九）の語り手たちも、多くは孫晋泰と同じ知識階級の出身者でしたが、口承の世界では野談を素材とした昔話を多く語っています。

崔先生が明知大学と慶熙大学で学んだ、説話文学の中心は漢文で書かれた野談でした。一九六九年にアメリカ留学を志された先生が、東京の東洋文庫に立ち寄られたのは東洋文庫に野談の貴重な資料が収められていたからに違いありません。漢文資料を調査するために立ち寄った東京で民俗学に出会い、口伝えの昔話研究に迷い込んでしまったことは崔先生には誤算であったに違いありませんが、日本と韓国の民俗学の交流を考える上では大変幸運なことでした。

宮田登先生と昔話の調査を行い、関敬吾先生と韓国昔話の話型研究を進める間に、韓国では既に忘れられていた孫晋泰の『朝鮮民譚集』や鄭寅燮の『温突夜話』とも出会い、大学図書館で沈宜麟の貴重な昔話記録を発見し、やはり顧みられなくなっていた高橋亨、三輪環、森川清などの植民地時代の日本人の伝説・昔話記録や、James S. Gale や Andreas Eckardt 更には Frances Carpenter などの英語やドイツ語の資料との出会いも、日本での調査がきっかけであったに違いありません。

こうして誕生した『韓国昔話の研究』は、はじめて韓国昔話の体系と構造を明らかにした快挙でした。この成果は、三国遺事や三国史記、野談、近代の外国人がみた韓国昔話資料、日帝時代の韓国語資料、日本語資料、そして戦後の韓国研究者による民俗調査資料、崔先生自身による調査資料など、場合によってはきわめて異質な記録のパッチワークから成り立っています。

崔先生は、後に書かれた『韓日昔話の研究』（一九九六年、三弥井書店）のなかで「昔話の分類において、自国（韓国）のものをまとめるためには、世界的な方法および隣接した国々のものとの比較の立場から

作業をはじめるのが建前であるということは筆者（崔先生）の率直な考え方である」と述べていますが、『韓国昔話の研究』はまさにこうした率直さに支えられ、ヨーロッパや日本の昔話とその研究を縦横に活用することで生み出されたものだと言えるでしょう。

昔話は、民衆が自由に語る「聞き手と語り手の間に成立するその場限りの物語り」ですから、いつか誰かが記録しなければ残りませんし、その記録を誰かが分類しなければ全体像を把握することができません。

関敬吾がフィンランドやドイツの昔話研究に学び、日本の昔話を「外側からの目」で捉えて『日本昔話集成』または『日本昔話大成』によって日本の昔話の話型を定め、分類し、その全体像を明らかにすることが出来たように、崔仁鶴先生もフィンランドやアメリカ、そして日本の研究に学んで、はじめて韓国の昔話を内と外から理解し、その体系を明らかにすることができたのだと思います。

こうした国際比較に対する率直な姿勢は、当たり前のように思えますが、現代の韓国では決して簡単に支持される立場ではないのです。この点については、4の「今後の課題」の項で具体的に触れたいと思います。

3．豊かな語りと語り手情報

『韓国昔話集成』のもう一つの特徴は、収録された話に「いつ、どこで誰が語り、誰が聞いたか」という語り手情報を可能な限り明らかにしていることです。

語り手が聞き手に伝えるのは、まず話の内容（コンテンツ）ですが、その内容は語り手をとりまく暮し（コンテキスト）に支えられて、聞き手に伝えられます。語り手の話は、語りの時と場所と聞き手の応答（相槌）によって大きく変化します。民俗学研究が、語り手情報とともに語りの場所や時間の記録を重視するのはそのためです。

韓国の昔話記録で、語り手情報を初めて明記したのは孫晋泰の『朝鮮民譚集』（一九二九）で、当時としては画期的なことでした。その後の資料には、語り手名が明記されたものが少ないのですが、それでも記録者と記録場所が明らかなものは少なからず残されています。

崔仁鶴先生のインタビューにもあるように、一般に韓国では昔話は母親から子どもたちに伝えられることが多くみられます。儒教の影響のつよい韓国では、男性と女性が舎廊棟（男性エリア）と内棟（女性エリア）に別れて生活し、子どもたちは幼年時代を母と一緒に内棟の内房（主婦の部屋）で過ごし、男の子は少年に成長すると父親の暮らす舎廊棟に移ります。

したがって昔話を聞く機会は主に母親と起居をともにする内房が多く、男の子は少年になると父親のもとで暮し、書堂に通って儒学を学ぶので一般に昔話から遠ざかります

これに対して女の子は、引き続き母親と暮らすので昔話に接する機会が多く、女性に優れた昔話の語り手が多いのもそのせいです。

この「男女有別の原理」は、近年まで両班社会のみならず庶民の間でも守られたルールでしたから、舎廊棟など男たちの間で暮らした男たちは、野談にみられる世間話や伝説は語っても昔話は忌避する傾向にあります。これについては、崔先生の『韓国の昔話』（一九八二）に興味深い報告があるので紹介し

ておきましょう。

「（忠清南道青陽郡の語り手）李斗衡氏は当時六十六歳の老人であった。その晩、三、四人の老人（男性）が集まってくれた。はじめは李斗衡氏が同席しなかった。私ははじめから昔話を採集するつもりで、一話を自ら語った。けれども反応がなかった。どうしても昔話はにがてだと思って、人生儀礼の聞き取りに入った。そして、死と再生というテーマが出た時突然、その内容に関わる昔話を聞くことに成功した。私は内心、信仰や俗信に関わる昔話はきっと聞き出せると思って、誘導したのである。その結果いくつかの話が語られた。途中になって、さきの李氏が同席した。彼は皆が語っている話は非常に内容が損なわれていると言い、補う形式で語るのであった。私の聞いた感じでは李氏の話はかなり内容が充実しており、さらに語り形式も整理が出来ていた。ところが前から同席していた老人たちは、李氏が語るのを気に食わない様子であった。『お前さんはちょっと黙っていなさい』と同僚から何回も聞かされた。その晩、李氏は私が泊まっている宿まで来てくれた。『どうしても聞かせてあげたい』というのであった。私は朝の二時まで、彼から伝説、昔話、世間話など多く聞かされた。採集の経験から感じたことではあるが、昔話は男が語るものではないという意識があった。儒教のならわしが強ければ強い村ほど、このような傾向が強い。（中略）さきの青陽（忠清南道青陽郡）でも仲間たちが李老人を嫌うのも、このような意味がからみあっていたのではなかろうか」

この「男女有別」の原理は、村の男女間だけではなく、村の外部からやってきた調査者と話者との間にも働くので、かつては男性の調査者は特別な事情がない限り内棟で暮らす女性には近づけませんでした。したがって男性の調査者は女性から昔話を聞くチャンスが少ないことになります。孫晋泰や鄭寅燮

などの一九四五年の解放以前の記録に女性の話者の姿がほとんど見られないのは、そのせいです。やっと解放後になって、昔話の聞き取り調査が学術的な性格のものであることが公認されて、女性の話者の昔話が広く記録されるようになったのだと思います。

崔先生や任東権先生の昔話集には多くの女性話者が登場しますが、画期的だったのは、ハルモニが孫たちに語る形で韓国文化を紹介したFrances Carpenterの『韓国のハルモニの話』（Tales of Korean Grandmother, 1947）です。これは英文による再話集ですが、カナダ人女性がみた韓国の昔語りの場をよく伝える資料集で、聞き手が女性であり外国人であったことが幸いしたと思われますが、十九世紀末のイザベラ・バードの『朝鮮奥地紀行』（一八九四）に比する優れた業績だと思われます。『韓国昔話集成』にもCarpenterの話が多く収録されているので、外国女性の目を通した韓国の昔語りの場の姿を垣間見ることができます。

4. 残された課題

民俗学調査による昔話記録、あるいはそれに準ずる再話資料は、日本の場合、高木敏雄や柳田國男の手で着手され、二〇世紀初頭以降多くの蓄積があります。とくに一九七〇年代にテープレコーダが普及すると、民間の民俗学研究者が活発な聞き取り調査活動を行い、資料集の出版も少なくありません。

韓国の場合も、鄭寅燮の『温突夜話』と孫晋泰の『朝鮮民譚集』を嚆矢として任晳宰等の手で聞き取り調査の記録は残されましたが、解放後の資料集の出版は、崔先生が指摘する通り、昔話の理論研究に

比べると「数少なく不振」で、任晳宰の画期的な全国調査記録『韓国口伝説話・全十二巻』（一九八七～九三）、任東権の『韓国の民譚』（一九七二）、張徳順、徐大錫、曺喜雄の『韓国口碑文学選集』（一九七七）など数えるほどしかありません。

しかし、その一方で一九六九年から一九八一年まで文化財管理局が韓国文化人類学会に委嘱した『韓国民俗総合調査』、一九七八年から一九八四年までの韓国精神文化研究院による第一次口碑文学調査、韓国精神文化研究院の後身である韓国学中央研究院が二〇〇八年から二〇一七年まで行った第二次口碑文学調査という三回にわたる国家プロジェクトが存在します。そしてその成果は『韓国民俗総合調査』の成果が第一巻の全羅南道篇に始まり咸鏡道篇にいたる全一二巻、韓国精神文化研究院の第一次調査が『韓国口碑文学大系』全五九巻に公刊され、韓国学中央研究院の第三次調査の成果は第二次調査の成果と合わせて、デジタル化されて韓国学中央研究院のホームページに「한국구비문학대계（韓国口碑文学大系）」として公表されています。（http://yoksa.aks.ac.kr/jsp/ur/Directory.jsp?gb=1）

この三次にわたる国家プロジェクトの優れた点は、全国を広く網羅していることと、収録された記録の均一的な質の高さです。とくに二次にわたる「韓国口碑文学大系調査」は、各地方（道）の大学の口碑文学専攻の教員を責任者として、大学院生や学生たちを動員し、統一されたマニュアルに従って行われた周到なもので、出版された『韓国口碑文学大系』と韓国学中央研究院のホームページに公開された音声と文字のデータを聞き比べてみると、話者たちの語りの豊かさに驚かされます。

しかし、この豊かな語りの記録は、いわば「韓国人の韓国人による韓国人のための記録」として閉ざされていて、容易に他者を寄せ付けません。

確かにホームページは全世界に公開され、公開された資料は、①巻別、②素材（モチーフ）別、③類型（話型）別、④地域別、⑤題目（話名）別という統一的な基準に従って、整然と整理されていますが、その分類はまさに韓国独自のもので、かたく閉ざされています。とくに問題となるのは類型（話型分類）です。この分類は収録資料の韓民族の独自性を打ち出すため築かれているので、話型ごとの国際的な比較がほとんど不可能なのです。

たとえば韓国には「コンジ・パッジ」（KT450）という「シンデレラ」の類話がありますが、韓国の話だけを読んでいてもその独自性は分かりません。アールネ・トンプソンの話型カタログを開いて、「コンジ・パッジ」がATU510「シンデレラ」やATU511「ロバの皮」の仲間であることを確認し、隣りの中国の「葉限」や日本の「米福・粟福」という類話を知り、さらにフランスやドイツやアメリカの「シンデレラ」と比較することで、はじめて韓国の昔話「コンジ・パッジ」の独自性が分かるのではないでしょうか。

またもし、聞き取り調査によってATUのような国際カタログにない韓国独自の話が見つかったとしても、それらの話は、かならず①動物昔話、②本格昔話、③笑話、④形式譚、⑤分類できない話という国際的な話型分類の大分類に当てはまるはずですし、「動物の由来」「異類婿」などの下位分類の話群にも仲間が見つかるはずです。

もちろん現在の韓国には『口碑文学大系』のほかに、崔先生の『韓国昔話集成』がありますから、『口碑文学大系』の資料がなくても、「コンジ・パッジ」を初めとする韓国昔話の独自性を知ることはできますが、残念なことに『韓国昔話集成』に収められた資料は、ほぼ一九八〇年代でとまっています。そ

して主に八〇年代以降に集められた昔話の韓国全域にわたる新しく質の高い資料は韓国以外の人々にはほぼ閉ざされて、眠ったままです。この休眠状態は、外国の研究者だけでなく、韓国の研究者にとっても同じことなのです。資料の「鎖国状態」は、当事者である韓国の研究者の孤立を招くことになります。

しかし幸いなことに、韓国の昔話研究者にとっては、この豊かな眠れる資料を『韓国昔話集成』と連携させることは、難しいことではないと思われます。現在資料を保持する韓国学中央研究院が率先してその作業を進めるか、資料を研究者に公開すればいつでも、どこでもこの連携作業は可能であると思われます。韓国学中央研究院が優れた技術でデジタル化した質の高い資料は、これからも棄損されることはありませんから、いつか誰かが始めればよいことです。

この国際的な連携によって、韓国と世界の昔話の双方に新しい発見が生まれることは確実です。この連携プロジェクトこそ、これからの韓国昔話研究の最も重要な課題だと思われます。

最後に、『韓国昔話集成』日本語版の完結にあたり、私たちの未熟な歩みを辛抱強く支えて下さった崔仁鶴先生と厳鎔姫先生、厳しい出版状況のもとで編集・出版の努力を持続してくださった悠書館の長岡正博さん、困難な翻訳を引き受け、辛抱強く持続してくださった鄭裕江さんと李権熙さん、貴重な解説を執筆してくださった飯倉照平先生と斧原孝守さんに、心から感謝します。

日本語版の編集方針

本書は、崔仁鶴・厳鎔姫編著『昔話集成(옛날이야기꾸러미)』(二〇〇三年五月　ソウル　集文堂刊)の翻訳です。編著者の崔仁鶴氏は、現代の韓国の民俗学研究を代表する研究者であり、とくに昔話の国際比較研究において抜群の研究成果を公表してきました。崔氏の研究の特徴は、アールネ＝トンプソンの『昔話タイプ・インデックス』(The Types of the Folktales)の分類を踏まえながら、韓国独自の話型分類を確立し、韓国昔話の独自性と豊かさを示すと同時に、国際的な比較を可能にしたことです。崔仁鶴氏は、その一方で、韓国各地の昔話の調査を行ない、韓国における昔話と民俗調査の方法を確立しました。そして、長く事務局長・会長を務められた「アジア比較民俗学会」の創設者・中心メンバーとして、韓国、日本、中国、モンゴルなど東アジア各地の研究者間の活発な交流を促してきました。

崔仁鶴氏の国際比較研究は、氏が日本に留学し、東京教育大学で民俗学を学ばれるかたわら、和歌森太郎氏、直江広治氏、竹田旦氏、関敬吾氏等と出会い、一九七四年九月に「韓国昔話の研究とタイプ・インデックス」という博士論文を提出し、二年後の一九七六年にその成果を『韓国昔話の研究』として弘文堂から刊行した時点から本格的にスタートしたといえます。

今回、日本語版の底本とした『昔話集成』には、その後の研究成果が加えられていますが、話型分類方針には大きな変化はありません。氏が「凡例」でも強調されているように、昔話の分類は、一度確立されてしまうと大きな改変が不可能だからです。私たち昔話研究者が、国際比較研究において、いつでもアールネ＝トンプソンの『昔話タイプ・インデックス』を基本とするのは、そのためです。

そこで、本書の翻訳にあたっても、崔仁鶴氏の新しい研究成果に配慮しながら、できるだけ『韓国昔話の研究』で使用された分類とその用語を尊重することとしました。

本書は、タイプ・インデックスという韓国昔話研究に不可欠な学術研究書ですが、同時に、韓国昔話の豊かな世界を、子供たちをふくめた一般読者に提供しています。各話型ごとに示された例話は、昔話研究の一級資料であると同時に、楽しい読み物でもあります。翻訳にあたっては、その点を重視し、正確さと同時に読みやすさに配慮しました。翻訳の表現や表記をめぐっては、翻訳者と編集責任者の間で、見解の相違することもしばしばでしたが、原文を精査し、原著者の了解を得たうえで、最終的には、翻訳文に関する責任は編集担当の樋口淳が負うこととしました。

また、「例話資料」の紹介にあたっては、孫晋泰、鄭寅燮、三輪環などの場合のように、初出がすでに日本語の資料があります。その場合は、それぞれの原資料を尊重しながらも仮名遣いや分かりにくい表現に最小限の手直しを加えることとしました。ただし、高橋亨や山崎日城の場合のように、文学的な修飾が過剰な資料は、簡潔に要約することとしました。また任東権の『韓国の民譚』のように熊谷治氏のすぐれた日本語訳が既に存在する場合は、参考にさせていただき出典を提示させていただきました。

さらに、昔話の背景となる韓国の人々の暮らしや、語りの状況、さらには国際比較上の留意点を紹介するために、原著にはない【解説】の項を新たに設けました。この項の執筆には、中国および東アジアの昔話に造詣の深い斧原孝守氏、編集担当の樋口淳があたりました。また【話型比較】の項目には、崔仁鶴氏、斧原孝守氏、樋口淳の三名が、新たな検討を加え、いくつかの追加や手直しを行なったものがあります。

以上の編集過程においては、原著者である崔仁鶴氏と奥様であり共同執筆者の厳鎔姫さんと綿密な打ち合わせを行ない、すべて了承いただいたことは言うまでもありません。

樋口淳

＊昔話話型比較対照表《第1巻》

KT	ATU	大成	通観	中国
001	451・720	214・216	180	E83
002				E211
003				
004		78・243	352・475	E84
005		35	577	
006	234	74・76		E1 丁234
007	234	74〜77	507	
008	249B・751A	48	455	E83 丁1365J 金982C
009		50A	487	
010				E9
010.1				
010.2	780・781	216		
010.3		46		
011		58		金159A
012	47A・49・1030	5		E3・4 丁78・78B・126
013			1175	
014				
015		47A・47B		
016	1*	1・4・44・45	536・537A	金47D・47D1
017				
018			510	
019			513	
020	9B	5・20・21・23・24	527A・527B・527C	
021		20	527A・527B・527C	
022	282B	13・79	510	
023				
024	1*A・3	7A・7B	558	
024.1				
024.2	6	4・44・45		
025	1・2・8・1061・1113・1137	1・2A・2B・3・7A・267	318・535B	金2・2A
026	210	29	525	丁8B 金8B
027				
028				丁101
029	75・122・228	19B・39	551B	丁275D 金275D
030	50			金50
031	92A	39	579	丁92 金92
032	6	45	537B	
033	51B	8	563	丁51B 金51B
034	6	44・45	537A・537B	
035	275	11・17	546	
036	1962A	480	843	
037	2031・2031C	380	568	丁2031 金2031
038	1920	489・506	557・794	丁1920J 金1920
039	91	35	577	丁91 金91
040				
041		3	535B	
042				
043			677	丁278B 金278B
044	1960	482	574	E209 丁1962A-1 金1962A
045				
046			382	
047				
048				
049				
050	177・1692	33A・33B	583	E10 丁177
051		195		金5
052			518	
053	130・210・221・222	27A・27B・28・29	522A・524・525・528A	
054	130	29	522A・524・525・528A	E14 丁210 金210
070				
071	295		520	
072		82	145B	E88
073				
074				
075				
076	750	197~200		
077				
078	300			
079				
080				

✻ 昔話話型比較対照表《第2巻》

KT	ATU	大成	通観	中国
100	123・330・330B・1180	27B・207・245・246	348	E11 丁333C 金333C
101	313・314・315・315A	240・249	355	E46
101.1	315A・334	240・249	344・355	
102		247	328A・328B・328C・328D	
103		240		E114
104				
105		244	358	
106	780	218	995	E21 丁780
107				
109	155・156			E15 丁155・155A 金155
110				
111		148		
112		33B・473	663	E3・10 丁78・78B 金78
112.1	177	33B		
113	1430	437		
114	121	252	289	
115				
116				
117	300	104B・140・256	205G	E18
118	160	234A・234B	402	丁160 金160
119				
120		105	205F	
121		105	205F	
122	325	228・237A	389	E16・17 丁156 金156
122.1		228	389	E17
122.2	156	228		E17
123	313・517・554・676・725	127・240	252・347	
124				
125	555・750A		16	
126				
127		230・232A		
128	178A	235	384	
129		235	384	
130		196	404	E112
130.1	480	196	404	E112
131		232		E116
132	750A・750B	198	21	丁750 金750
133	327A	275B・581		
134				
135				
136	780	218・236・409・411		
137		241		
138	1293		1000	
139		32E・280・281・282	787	
140			785・786	
141		262・266		
142		272	997	
143	300・513A	140・178B・233A・233B・256・257	275A・275B	E14 丁301B 金300
144	130	278	325・572	
145		278	325	
146		471・473	661	
200	425・433B・440	104A・134・142A・172	85・140・174・205A	E31 丁433D 金433D
201		101A	205A	
202	433・440・1462	125・126・135	137B	E42・43 丁440A 金440A
203	715・1525	138・173・174・166・626B	133	E21 丁1525 金1525
204	402	173	137A	
205	313・400・465・554	118	221	E34 丁400 金400
206	402・465	112・113・114・117・120B	215・218	E35 丁400C 金400C
207		110	224	E96
207.1				E40 丁・金 465・555・555D・592A
208		116A・116B	225A・225B・225C	
209			77	
210			222	
211		224	216	
212			216	E109
213			226	E119・E121
214	700	136・137	138	丁700 金700
215		138		E53・54
216				
217				E208
218			124	E51
219		147A・147B	258	E115

＊昔話話型比較対照表《第3巻》

KT	ATU	大成	通観	中国
220	554・1361	127・205A	4・67・402・231・252	丁160 金160 E47・58
221	465	120A・120B	217B	丁465A 金742 E195
222	516	121	330	
223	1655	155	96	丁1655 金1655
224		123	243	
225			253	
226	653・654		248	
227		133	235B	
228	314・510B	211	181	
229	896・1462	122	657	丁896 金896A
230				
231		202	18	
232				
233	1655	155・655	96・239A・439・657	
234		149A	145A・145B	
235				
235.1		125		
236				
237				
238				
239	750	198・199	14A	
240		199A	14A	E137
241		204A	395	E28
242	460A・461	157	48	丁/金461・461A E125
243				E359
244	725	156	93	
245	1645A	158・159	254A	
246			39	133
247				
248		444		
249				
250				
251				
252				
253	910	382・383		丁/金910・910A E24
253.1	910	382・383		金1653F E24
254				金1563B E笑話13-3
255		124・161・258・400		E176
256		158	95	丁1645A
257	301	124・258		E176
258				
259				
260			342	

KT	ATU	大成	通観	中国
260.1				
261	303	168・178A・178B・413	342	
262		284・468	1150	金567F E64
263		284・468	1150	金567F E64
264	565	167	110	丁565 金565
265	560・736A・948	165・169	383	丁560 金560 E13
266	560	165・412	383	E13・108
267		154		E62・169
268	518・670・671	164A・168	111	丁518・670 金1144A・673A E8
269	566	469	112	
270	518・1655	171・187・189	115A・115B・364A・364B	
271				
272		203	115A・115B	
272.1		203		E62
272.2		203		E62
273		412・413	117	丁555C 金597
274				
275				
276		469	113	
277		101A	205A	
278		164・278		丁613・671・1641 金671・1641
278.1		278	289S	
279				
280		164		
281				
282		469		丁566 金566 E196
283				
284	301	257		丁301 金301 E98・122
285	327	247B・257		E122
286		243	328C	
287	513A	140・1453	131	
288				
289	304	177・253A・253B		
290			328A・328B・328C・328D	
291	516A	129	328A・328B・328C・328D	
292	300	256		E95

❄ 昔話話型比較対照表《第4巻》

KT	ATU	大成(集成)	通観	中国
300	470・471A		87	E103 金844B
301	470・471A	224・250	83	E103
302	470	191・196	83	E108
303	470			E105
304	312・516	196A	86	
305			36	E106
306		113A・114・224	216	E39
307		116		
308		139	136	
309		654(集成)		E117
310		147A・665(集成)	239A	
311				E212
312	330			E155
313				E145
314			269	E144
315				
316				
317		162B	427	金779D・1
318		257		
319				
320				
321			43	
322				
323			268	
324		本格新33	268	
325				
326			87	
327				
328			66・67	
329				
330		151		
331		201	60A	
332				
333				
334				
334.1				
335				
336			258	
337	780		259	E21 金700
338				
339				
340	300	140・256		
341				
342				
343		109	231	
344				
345	470			
346				
347			331	E172
348				
349				E173
350			455	E174
351				
351.1				
351.2				
351.3				
352				
353				
354				
355		130・516・517		
355.1				
356	1640	466	1143	E194 丁1640 金1640
357	910	455・515	434	丁910・910B 金910
358	910	515	434	
359	910	515	434	
360				
361			187	
362				
363	1645	160		
364				
365				
366				
367	934	151B・151C・152	149・150・151・153	
368				
369				
370				
371	325	164・514	205A・437	
372				
372.1				
372.2				
372.3				E184
372.4				
373	325	514		
374	325	237B	556	E189 丁325 金325
375	325			
376				
377				
378				
379		242		
380				
381			235A	
382	465	114・120	215・217	E149・179
383				
384	451	250		E103
384.1				

❋昔話話型比較対照表《第5巻》

KT	ATU	大成	通観	中国
385			143(沖縄389)	
386		本格新11B・C	46	
387		本格新11A	423	
388				
389			860	
390				
391			192	
392			39・192・392	
392.1				
393			389	
394				
395			379	
396				
397				
398		161		E176
399				
400				
401				
402				E74 金980C2
403			410B	
404				
405			417・958	
406			65	
407				
408				
409				
410		61・106		E211 丁960 金960
411				
412				
413	326	401・259	317	
414				
415				
416	829A	151B・152	152	E104 丁934D2 金829A
417	314・934	151B・211	152・181	
418				
419	841・822	149A・149B・151A・153	145A	E177・193 丁923B 金943
420		本格新11	423	
421				
422	514	180	170	
423		156・158	95	
424				
425		124・149		
426				
427		419		E193
428				
429		120A	217B	
430		161・434	92	
431	400	118		
432				
433				E214
434				
434				
435				
436				
437				
438		197・198A・本格新39	65・67・68	E47 丁825A 金825A
439				丁592* 金592B
450	501A・511・480	205A・206・212	174・348	E32・186 丁510A 金510A
451	403B	207・213	8	
452	706	208	178	金706
453	720	217・本格新11		
454				
455				
456		209・210・211	180・181	E33
457	480	191・192	365	E22・E24 丁478F 金747
458	1665	187・189・190	257	E30
459	1665	204A・204B	395	E28
460	480・613	184・185・462	81	E28
461	653・654・655	170・626B・174・199A		
462				
463				
464		本格新16	162	E27・E28
465	613	176・651	169・201	
466				E170
467	653・654・613・302・1650・1655・1525	166・184・178A・414H・186		
468				
469	653・654	166・173・174	131・156・168	丁653 金578・653
470	654・1525	625	159	E208 丁513 金513
471	670・671	164A	111	E8 金673A
472				
473	1533	623・618	440	
474				
475	729	226A・226B・413	52	E20 丁729 金729
476	503	194	47	丁503 金747A
477		188・189・621	91	
478		197・661	29	
479	671	151B・151C・164		
479.1	671	151B・151C		
480		468・163B・274	1150	
481	503	194・196B	47	
482	1533・1539	616・621	364A・441・630・631・632	E23・E290・E191 丁503M
483				
484				

❋ 昔話話型比較対照表《第6巻》

KT	ATU	大成	通観	中国
500	1336	319	1102	E笑7-3 丁1336B 金1336B
501			109	
502				
503		314・315・316・317		
504		527・528	823-840	
505		314		
506		345・335	1008	E笑6-I-5 丁1691 金1691A-1
507		336A・336B・336C	1011・1013・1014・1015・1016・1017・1018・1019	E笑6-I-6
508		353・355・359	1035・1038	
508.1				
509	1687	362A	1047A・1047B・1047C	E笑6-II 丁1687 金1687
510			1047C	
510.1		337・338・339・340		E笑6-I-1
511				
512				
513	1681	405A・409		
514	1319	328		E笑I-X 丁1319 金1319
515		162B		
516				
517	1950	430・446	890	丁1387A 金1387A
518		336A・336B・336C		
519				
520				
521		377	1118	E笑8 丁1520
522			767	
523			768	
524		365・366・本格新46	407・1061	
525			1063	
526		531	611	
527				
528				
528.1		314		
528.2				
528.3			634	
528.4				
528.5		409	873・1000	
529				
530	1350	430	890	丁1950 金1950
531				
532		330A	1026A・B・C	E笑6-III 丁1696A 金1696
533	1685A	333A	1026A・B・C	
534		314・351	1105	E笑6-I-4
535			1019	
536		405・406		
537				
538		448・449・450	879-84	E笑26 丁1704A・1704C 金1305G・1305E-1
539		448	880	
540		448・449・450	879-884	E笑26 丁1704A・C 金1305E・G

KT	ATU	大成	通観	中国
541		429	991	
542			894	
543	1654	558	894	
544		396	765	
545	1450・1834	395	978	
546				丁1375E 金1375E
547				
548				
549	1610	笑新11	954・958	
550				
551			951・952	
552			951・952	
553			992	
554				
555	555	223	76	金560C
556	555			
557				
558		398・399	426	
559		76	474・519	
560			960	
561				
561.1				
562				
562.1				丁1375 金1375
563				
564				
565				
566	1640	451・466	770	丁1640 金1640
567		384・385・387	1117A	
568			763	
569				
569.1				
570		244	769	
571		本格新26		
572				
573				
574				
575				
576				
576.1				
577				
578				
579			430	
580				
581				
582	924	530	608	
583				
584				
585				
586				
587				
588				
589				
590				
591				
592				
593				
594		445	56・888	

❊ 昔話話型比較対照表《第7巻》

KT	ATU	大成	通観	中国
595		424		
596		345	1008	
597				
598				金922
599				
600				
601				
602				
603				
604.1				
604.2				
604.3				
605		485	802	
606			893	
607				E206
608		467		
609				
610				
611				丁1862D 金1862D
612				
613				
614				
615				
616	405B			
617				
618				
619				
620				
621				
622.1				
622.2				
623		635	1133	
624		442	1078	
625				
626				
627	926	本格新26	740	丁926 金926
628	1534			
629				
630.1		437		
630.2	1430	436・437		丁1430 金1430
631				
632				
633		448・449・450	668	丁1804B 金1592D
634	890			
635				
636.1				E136
636.2				
637.1				
637.2				
638	924・1630	520		E194 丁924A 金1660A
639				
640		448・449・450		
641	1565	431B	759	E笑10
642		493	852・1118・1120・1121	
643	1542	132・494・495	798・841	金1542A
644		494	798	
645	1351	497	864	E笑1-XV 丁1351 金1351
646	513	625		

KT	ATU	大成	通観	中国
647	1313	532・534	603	E笑17 丁1568B 金1568B
648.1		544・545	621	
648.2				
649	1535	494・618	797	
650				
651				
652	1920	492	793	
653.1	922	521	807	
653.2				
654		614	665	
655				
656	675	522	429	
657.1	480	213	192	
657.2	922	521		丁922 金922
658		521		
659	921・922・879・922A	206・521・626B		
660				
661				
662	981	523A・523C		E201 金980
663	1641	626A・626C		E190 丁1641 金1641
664				
665				
666	922	521		
667	327B	240		
668	1535	225・618		丁930+1535 金930+1535
669		618		
670				
671				
672				
673				
674		553・555・556		E笑11・12・13 丁1530A 金1530A
675	1535	618		
676		577		E笑11-V・13-IX
677				
678				
679				
680	1358			
681				
682				
683	1423	笑新6		
684				
685		374	780	
686	1536A・1537	624	439	金1537
687		438	834	
688		570	707	
689				
690.1				
690.2				
691	1889	465A	1136	
692	1889	465D	1139	
693	1889	465D	1139	
694	1889G			
695	1889G			
696		359		
697	1920	491・489		
698	1960	489		

＊昔話話型比較対照表《第8巻》

KT	ATU	大成	通観	中国
700	2250	637		
701			1181	
702.1			1180	
702.2			1180	
703				
704.1				
704.2				
705	2300	642	1182~87	丁2301 金2301A
706		641	841	
707				
708	1655	155		
709				
710				
711				
712				
720		654		
721				
722				E68
723		118	221	
724			7	
725.1			4	E48
725.2			4	E48
725.3		106	41	
726				
727				E56
728			13	
729				
730				
731				
732				
733.1				
733.2				
734				
735				
736				E110
737				
738				E50
739		119・463A	1142	
740		119	223	丁592A 金592A
741				
742			66	
743				
750.1		258・259・260	295~97・312	
750.2				
750.3		263		
751				
800				
801				
802				
803		182	167	金893
804				
805				
806			340	
807	782			丁782 金734
808				
809			762	
810				
811				
812	516	254	791	
813				
814				

KT	ATU	大成	通観	中国
815				
651				
652	1920	492	793	
653.1	922	521	807	
653.2				
654		614	665	
655				
656	675	522	429	
657.1	480	213	192	
657.2	922	521		丁922 金922
658		521		
659	921・922・879・922A	206・521・626B		
660				
661				
662	981	523A・523C		E201 金980
663	1641	626A・626C		E190 丁1641 金1641
664				
665				
666	922	521		
667	327B	240		
668	1535	225・618		丁930+1535 金930+1535
669		618		
670				
671				
672				
673				
674		553・555・556		E笑11・12・13 丁1530A 金1530A
675	1535	618		
676		577		E笑11-V・13-IX
677				
678				
679				
680	1358			
681				
682				
683	1423	笑新6		
684				
685		374	780	
686	1536A・1537	624	439	金1537
687		438	834	
688		570	707	
689				
690.1				
690.2				
691	1889	465A	1136	
692	1889	465D	1139	
693	1889	465D	1139	
694	1889G			
695	1889G			
696		359		
697	1920	491・489		
698	1960	489		

＊参考文献

Ⅰ 昔話記録

1. 1893, H.G. Amous, *Märchen und Legenden*, Leipzig: Verlag von Wilhelm Friedrich.
2. 1910, 高橋亨『朝鮮の物語集附俚諺』京城：日韓書房
3. 1912, 青柳綱太郎『朝鮮野談集』京城：朝鮮研究会
4. 1913, James S. Gale, *Korean Folk Tales*, London（1962 by Charles E. Tuttle Co., Inc. Second printing. 1971）
5. 1914, 今村鞆『朝鮮風俗集』京城：斯道館
6. 1919, 三輪環『傳説の朝鮮』東京：博文館
7. 1920, 山崎日城『朝鮮奇談と傳説』京城：ウツボヤ書房
8. 1922, 安東洙『朝鮮奇談』京城：朝鮮図書(1999, 崔仁鶴編『朝鮮朝末口伝説話集』朴イジョン)
9. 1924, 朝鮮総督府『朝鮮童話集』朝鮮民俗資料2編, 朝鮮総督府
10. 1924, 嚴弼鎭『朝鮮童謡集』京城：創文社
11. 1926, 沈宜麟『朝鮮童話大集』京城：漢城圖書
12. 1927, 鄭寅燮『温突夜話』東京：日本書院（*Folktails from Korea*と合本、日本語で増補復刊：1983年三弥井書店）
13. 1928, Andreas Eckardt, *Koreanische Märchen und Erzahlungen Zwischen Halla und Päktusan*, Missionsverlag St. Ottilien, Oberbayern.
14. 1928, 今村鞆『朝鮮漫談・歴史民俗』京城：南山吟社
15. 1929, 中村亮平『朝鮮神話傳説』神話傳説大系（N）東京：近代社
16. 1930, 孫晉泰『朝鮮民譚集』東京：郷土研究社（1968年復刊：岩崎美術社）2009年10月10日復刻：勉誠出版
17. 1930A, 孫晉泰『朝鮮神歌遺篇』東京：郷土研究社
18. 1940, 朴英晩『朝鮮傳来童話集』京城：學藝社
19. 1944, 森川清人『朝鮮野談随筆傳説』京城：ローカル社
20. 1947, 孫晉泰『韓國民族説話の研究』ソウル：乙酉文化社
21. 1947, Frances Carpenter, *Tales of a Korea Grandmather*, Doubleday & Company, Inc., N.Y. : Garden City.
22. 1952, Zong In-sob（鄭寅燮）*Folktales from Korea*, London（First Greenwood Reprinting, 1969 New York）
23. 1953, 金素雲『ネギをうえた人』東京：岩波書店
24. 1955, Kim So-un（金素雲）*The Story Bag*, Charles E. Tuttle Co., Inc. Tokyo
25. 1958, 崔常壽『韓國民間傳説集』ソウル：通文館
26. 1959, 秦聖麒『南國の説話』済州島：博文出版社
27. 1959, 金相徳『韓国童話集』ソウル：崇文社
28. 1962, 李相魯『韓國傳来童話読本』ソウル：乙酉文化社
29. 1963, 李元壽『伝来童話集』ソウル：現代社
30. 1964, 木澤政直『鶏林』東京：日研出版
31. 1969, 李勲鐘『韓國の傳来笑話』『女性東亜』付録　ソウル：東亜日報
32. 1970, Chang Duk-sun, sea Dae-seog, Jo Heui-ung（張德順・徐大錫・曺喜雄）*The Folk*

Treasury of Korea, ソウル：Society of Korea Oral Literature.
33. 1971, 任晳宰『韓國民族調査総合報告書 全羅北道篇』ソウル：文化財管理局 pp.584-686
34. 1971, 柳増善『嶺南の傳説』大邱：螢雪出版社
35. 1971, 金泰坤『韓國巫歌集』裡里：圓光大學校出版部
36. 1972, 任東権『韓國の民譚』瑞文文庫031　ソウル:瑞文堂（1995, 熊谷治訳『韓国の民話』として雄山閣より翻訳出版）
37. 1974, 崔仁鶴『韓国昔話百選』東京：日本放送出版協会
38. 1974, 韓相壽『韓国民譚選』正音文庫　53　ソウル：正音社
39. 1975, 任晳宰『昔話選集』ソウル：教學社（全5巻中1・3・4・5は1975・巻2は1978）
40. 1977, 張徳順ほか『韓國口碑文學選集』ソウル：一潮閣
41. 1977, 崔仁鶴『朝鮮伝説集』東京：日本放送出版協会
42. 1977, 曺喜雄『韓国口碑文学選集』ソウル：一潮閣
43. 1978, 金光淳『慶北民譚』語文叢書019　ソウル：螢雪出版社
44. 1979, 崔来沃『全北民譚』語文叢書018　ソウル：螢雪出版社
45. 1980A, 崔仁鶴『民間説話』文藝振興文庫　23　ソウル：藝文社
46. 1980B, 崔仁鶴『韓国の昔話』世界民間文芸叢書10　東京：三弥井書店
47. 1980, 崔雲植『忠清南道　昔話』ソウル：集文堂
48. 1980, 崔仁鶴『江原地方の昔話』『イムヨン文化』4　江陵文化院　pp.92-97
49. 1987-1993, 任晳宰『任晳宰全集　韓國口傳説話』全12巻　ソウル：平民社（全12巻のうち1・2巻の収録分を参考にした）
50. 1991, 韓國精神文化研究院『韓國民族文化大百科事典』
51. 1991, 林在海『韓國民俗と傳統の世界』ソウル：知識産業社
52. 1993, 任晳宰『韓國口傳説話　慶尚南道篇』ソウル：平民社
53. 1994, 徐廷範『韓國から渡った日本の神と言葉』ソウル：図書出版ハンナラ　pp.178-179（1987, 魯成煥編集「古事記」p.235から引用）
(54. 1956, Arthur W. Ryder, *The panchatantra*, The Univiersity of Chicago Press.)

Ⅱ　昔話タイプ・インデックス

1-1.1927, Antti Aarne & Stith Thompson, *The Types of the Folk-Tale*, FFC74（1961年に増補改定版FFC184を刊行し、AT分類を増補）
1-2.2004, Hans-jöng Uther, *The Types of International Folk-Tales I-III*, FFC284-286, Academia Scientiarum Fennica,（ATを増補改訂し、新たにATUを採用）
2-1.1937, Wolfram Eberhard, *Typen chinesischer Volksmächen* FFC120
2-2.2007, エバーハルト『中国昔話集』（馬場英子他訳）東京：平凡社
3-1.1950-58, 関敬吾『日本昔話集成』全6巻　東京：角川書店
3-2.1978-80,『関敬吾日本昔話大成』全11巻：角川書店（『日本昔話集成』の増補改訂）
4. 1971, Ikeda Hiroko（池田弘子）, *A Type and Motif Index of japanese Folk-Literature,* FFC 209.
5. 1988, 稲田浩二『昔話タイプインデックス』日本昔話通観28　京都：同朋舎
6. 1986, 丁乃通『中国民間故事類型索引』北京：中国民間文芸出版社
（1978　Nai-Tung Ting, A Type Index of Chinese Folklore　FFC223の訳）
7. 2007, 金栄華『民間故事類型索引』台北：中国口伝文学学会

崔仁鶴（チェ・インハク）
1934年慶尚北道金泉市生まれ。幼い頃から昔話を聞いて育った。明知大学校、慶熙大学校（碩士課程）を経て、東京教育大学留学。1974年に『韓国昔話百選』（日本放送出版協会）を刊行、1975年に文学博士を授与され、1976年に成果を『韓国昔話の研究』（弘文堂）として公表。帰国後は仁荷大学校で教鞭をとるかたわら、1983年に比較民俗学会を創設、東アジアの学術交流につとめる。『文化人類学』（セムン社1986）、『韓国民俗学研究』（仁荷大出版部1989）、『口伝説話研究』（セムン社1994）等の韓国語著書のほか、『朝鮮伝説集』（日本放送出版協会1977）、『韓国の昔話』（三弥井書店1982）、『韓日昔話の比較研究』（弘文堂1995）等の研究書、『大ムカデたいじ』（小峰書店1983）、『おどりをおどるトラ』（偕成社1989）等の児童書など日本語による著作多数。特に"*A Type Index of Korean Folktales*"（明知大出版部1979）は国際比較研究に欠く事ができない。

厳鎔姫（オム・ヨンヒ）
崔仁鶴氏夫人。学術的な著作はないが、堪能な英語を駆使して"*A Type Index of Korean Folktales*"など夫君の英文学術書刊行を助け、創設期の比較民俗学会の事務一切を担当した。

樋口 淳（ひぐち・あつし）
1946年生まれ。専修大学名誉教授。1988年に慶熙大学校客員教授として韓国滞在。民俗調査を行い、比較民俗学会日本担当理事をつとめた。著書に『民話の森の歩きかた』（春風社2011）、『妖怪・神・異郷』（悠書館2015）、翻訳に『祖先祭祀と韓国社会』（ジャネリ・任著 第一書房1993）と関連論文がある。

韓国昔話集成　第8巻

2020年4月28日　初版発行

編著者　崔仁鶴・厳鎔姫
日本語版編者　樋口 淳
翻訳者　李権煕（イ・ゴンヒ）・鄭裕江（チョン・ユガン）
解説　崔仁鶴・斧原孝守・樋口 淳
装丁　尾崎 美千子
発行者　長岡 正博
発行所　悠 書 館
〒113-0033　東京都文京区本郷3-37-3-303
TEL 03-3812-6504　FAX 03-3812-7504
http://www.yushokan.co.jp

本文組版：戸坂 晴子
印刷・製本：シナノ印刷株式会社

ISBN978-4-903487-88-5

定価はカバーに表示してあります